专注最重要的事

沈南鹏

的关键选择

润　商○著

团结出版社

图书在版编目（CIP）数据

专注最重要的事 / 润商著 . –– 北京 : 团结出版社，
2025. 8. –– ISBN 978-7-5234-1265-7

Ⅰ . F715

中国国家版本馆 CIP 数据核字第 2024ZN0497 号

出　　版：团结出版社
　　　　　（北京市东城区东皇城根南街84号　邮编：100006）
电　　话：（010）65228880 65244790
网　　址：http://www.tjpress.com
E-mail：zb65244790@vip.163.com
经　　销：全国新华书店
印　　装：三河市华东印刷有限公司

开　　本：140mm×210mm　　32开
印　　张：8.5
字　　数：220千字
版　　次：2025年8月第1版
印　　次：2025年8月第1次印刷

书　　号：978-7-5234-1265-7
定　　价：59.00元

为标杆企业立传塑魂

在我们一生中，总会遇到那么一个人，用自己的智慧之光、精神之光，点亮我们的人生之路。

我从事企业传记写作、出版15年，采访过几百位企业家，每次访谈我通常会问两个问题："你受谁的影响最大？哪本书令你受益匪浅？"

绝大多数企业家给出的答案，都是某个著名企业家或企业传记作品令他终身受益，改变命运。

商业改变世界，传记启迪人生。可以说，企业家都深受前辈企业家传记的影响，他们以偶像为标杆，完成自我认知、自我突破、自我进化，在对标中寻找坐标，在蜕变中加速成长。

人们常说，选择比努力更重要，而选择正确与否取决于认知。决定人生命运的关键选择就那么几次，大多数人不具备做出关键抉择的正确认知，然后要花很多年为当初的错误决定买单。对于创业者、管理者来说，阅读成功企业家传记是形成方法论、构建学习力、完成认知跃迁的最佳途径，且越早越好。

无论个人还是企业，不同的个体、组织有不同的基因和命运。对于个人来说，要有思想、灵魂，才能活得明白，获得成功。对于企业而言，要有愿景、使命、正确的价值观，才能做大做强，基业长青。

世间万物，皆有"灵魂"。每个企业诞生时都有初心和梦想，但发展壮大以后就容易被忽视。

企业的灵魂人物是创始人，他给企业创造的最大财富是企业家精神。

管理的核心是管理愿景、使命、价值观，我们通常概括为企业文化。

有远见的企业家重视"灵魂"，其中效率最高、成本最低的方式是写作企业家传记和企业史。企业家传记可以重塑企业家精神，企业史可以提炼企业文化。以史为鉴，回顾和总结历史，是为了创造新的历史。

"立德、立功、立言"，这是儒家的追求，也是人生大道。

在过去 10 余年间，我所创办的润商文化秉承"以史明道，以道润商"的使命，会聚一大批专家学者、财经作家、媒体精英，专注于企业传记定制出版和传播服务，为标杆企业立传塑魂。我们为华润、招商局、通用技术、美的、阿里巴巴、用友、卓尔、光威等数十家著名企业提供企业史、企业家传记的创作与出版定制服务。我们还策划出版了全球商业史系列、世界财富家族系列、中国著名企业家传记系列等 100 多部具有影响力的图书作品，畅销中国（含港澳台地区）及日本、韩国等海外市场，堪称最了解中国本土企业实践和理论体系、精神文化的知识服务机构之一。

出于重塑企业家精神、构建商业文明的专业精神和时代使命，2019 年初，润商文化与团结出版社、曙光书阁强强联手，共同启动中国标杆企业和优秀企业家的学术研究和出版工程。6 年来，为了持续打造高标准、高品质的精品图书，我们邀请业内知名财经作家组建创作团队，进行专题研究和写作，陆续出版了任正非、段永平、马云、雷军、董明珠、王兴、王卫、杜国楹等著名企业家的 30 多部传记、经管类图书，面世以后深受读者欢迎，一版再版。

今后，我们将继续推出一大批代表新技术、新产业、新业态和新模式的标杆企业的传记作品，通过对创业、发展与转型路径的叙述、梳理与总结，为读者拆解企业家的成事密码，提供精神养分与奋斗能量。当然，我们还会聚焦更多优秀企业家，为企业家立言，为企业立命，为中国商业立标杆。

一直以来，我们致力于为有思想的企业提升价值，为有价值的企业传播思想。作为中国商业的观察者、记录者、传播者，我们将聚焦于更多标杆企业、行业龙头、区域领导品牌、高成长型创新公司等有价值的企业，重塑企业家精神，传播企业品牌价值，推动中国商业进步。

通过对标杆企业和优秀企业家的研究创作和出版工程，我们意在为更多企业家、创业者、管理者提供前行的智慧和力量，为读者在喧嚣浮华的时代打开一扇希望之窗：

在这个美好时代，每个人都可以通过奋斗和努力，成为想成为的那个自己。

企业史作家、企业家传记策划人、主编

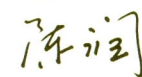

推荐序

把成功与失败进行淋漓尽致地总结

在总结任正非成功经验的时候，人们发现了这四句话：行万里路，读万卷书，与万人谈，做一件事。所谓"与万人谈"，就是任正非阅读大量世界上成功企业的发展历史的书籍。他一有机会就与这些企业的董事长、总经理当面进行交流请教，并把这些企业成功的经验用于华为的运营，这就使得华为也成为一个成功的企业。

在过去的十余年间，润商文化长期致力于系统研究中外成功的企业家，会集了一大批专业人士创作关于成功企业家的传记——著名企业家传记丛书。这是一件非常有意义的事情，这让"与万人谈"成为一件很容易的事。同时，这使得大家都能够从中了解到——这些企业家为什么成功，自己能从中学到什么。

因此，我觉得润商文化的这项工作是功德无量的。这些成功的企业家，就是中国经济史上一个个值得称颂的榜样。

湖北省统计局原副局长

民进中央特约研究员

叶青

序 言

在中国当代商业史的长卷中，沈南鹏的名字或许不为普罗大众所熟知，但始终闪耀于创业者视线汇聚的焦点。他的人生轨迹既是一本记录精英奋斗的史诗，也是一面见证中国新经济崛起的镜子。从穿梭于上海弄堂和少年宫之间的数学神童，到亲手缔造携程、如家的创业先锋，再到执掌红杉中国、投资半壁互联网江山的"创投教父"，他用三十余年的时间完成了多次蜕变，凭借敏锐的嗅觉、坚韧的毅力、执着的目标感、超前的战略眼光，成为时代浪潮中不可或缺的资本掌舵者。

1967 年，沈南鹏出生于浙江海宁的书香世家。年少时的数学天赋让他崭露锋芒，成为上海交通大学首届免试录取的天才少年。然而，他并未将人生局限于学术象牙塔，而是在赴美求学后转向进入耶鲁商学院深造，这成为其命运的第一次转折点。毕业后，他经历了华尔街的投行岁月，开始从熟悉的纯粹推理分析转向适应商业世界的复杂博弈，这不仅磨砺出他掌控资本的能力，更让他意识到，真正的商业智慧在于将理性与人性融为一体。

1999 年，互联网进步的春风初拂中国大地，沈南鹏与校友梁建章、季琦、范敏组成"携程四君子"，以"把简单做到极致"的信念，构建著名的"鼠标+水泥"商业模式，将传统旅游行业的壁垒层层瓦解。四年后，携程登陆纳斯达克；随后，三年未满，他领衔创立的如家酒店再创美股上市神话。

两次创业成功，为沈南鹏贴上"中国互联网第一代企业家标杆"的标签。在沉甸甸的财富面前，沈南鹏没有选择躺平，他相信创业者的终极使命不是重复成功，而是创造新的可能。

2005年，沈南鹏离开携程，转身踏入创投领域，与张帆联合创立了红杉资本中国基金。光阴似箭，当红杉中国在2023年宣布独立运营时，这家机构已推动超过120家企业上市，资产管理规模突破3000亿元人民币，沈南鹏则被业界称为"买下半个中国互联网的人"。在这段漫长的征途中，他和团队以"创业者背后的创业者"自我激励，用数学家的精密推演与战略家的宏大视野，重构了中国风险投资的游戏规则。

从早期的360、京东、唯品会、聚美优品，到字节跳动、美团、拼多多，红杉中国的名字已经与中国互联网产业的崛起和兴盛紧密相连。而这些只不过是沈南鹏诸多投资战役中最亮眼的部分胜利而已。二十年来，他在消费、医疗、餐饮、农业等领域多方向出击，在让资本不断倍增的同时，也参与了建设中国市场经济的宏大工程。

沈南鹏的投资从不拘泥于短期风口，而是像解一道道多维方程，将技术演进、模式发展、消费趋势与市场需求层层拆解，将资本的长期利益与企业的短期需求调配平衡。他既拥有顶尖的理科思维，同时也是人性的洞察者，他既能长久耐心守候优质创业者，又能以"稳准狠"的决断力把握投资时机，他既能在短短三年内就帮助唯品会上市，也可以在十几年间持续关注并两度投资乡村基……正是多元思维模式的互补与融合，使他的投资成就斐然。

二十年来，一个又一个的荣誉如约而至，印证着这位商业战略家的全球影响力。他曾四次摘下《福布斯》全球最佳创投人榜首的桂冠，《财富》将他列为"中国最具影响力的50位商界领袖"前十，与马云、马化腾比肩而立。《时代》周刊则赋予他"中国新经济的建筑师"称号，硅谷的同行们更是惊叹于他在东西方商业逻辑间自由切换的能力。

比起这些光环，更令人动容的是中国企业家们的高度评价。马化腾说："沈南鹏绝对是风险投资界最成功的人，没有之一。"周鸿祎说："他就像一条鲨鱼，嗅觉极其敏锐，只要有一丝丝的血腥味都会被他准确地捕捉，并以最快的速度袭来。"美团创始人王兴回忆起 2010 年与沈南鹏的初次会面："第一次见沈南鹏，简单的相互介绍之后，他居然没有让我详细阐述商业计划或业务数据，因为他已经做过很多功课，对这种商业模式有很清晰的看法，甚至是比创业者有着更清晰的判断。"

沈南鹏究竟如何走过从创业者到投资人的道路，并在截然不同的上下半场都收获了令人瞩目的成就？如此立体的商业生涯是否意味着重重艰难，又是否遭遇过意外失败？本书以细腻的笔触勾勒了这位传奇人物的立体肖像，为读者全景呈现其背后的奥秘。从上海交大的教室，到纽约华尔街的交易大厅，从携程初创时挤在狭小办公室的四人团队，到红杉中国俯瞰北京、上海、香港的写字楼顶层，沈南鹏在其每一个关键时刻的抉择，都在本书作者的笔下得到了深刻剖析。

在本书中，您将看到在 1999 年互联网泡沫破裂前夕，沈南鹏如何抓住时间，用一份只有三页纸的商业计划书打动了投资人。在如家酒店扩张的关键节点，他又为何坚决行动、临阵换帅，改换公司 CEO。当红杉中国在 2005 年刚起步时，沈南鹏是如何抓住一句话的机会，以周鸿祎为突破口，进入草创的奇虎公司。而当红杉中国安然度过了 2008 年金融危机前后的募资寒冬，他又以怎样的魄力逆势押注美团，促成其后续和大众点评的完美联合，再转身投资拼多多、今日头条，没有错过宝贵的投资机会。直到近年来，不断壮大的红杉中国团队在加密项目、人工智能领域的投资案例，也被一一收入本书，以期作为沈南鹏未来更大成就的初始见证。

当然，无论怎样优秀的风险投资人，都必然会面对各种各样的失败可能。尽管沈南鹏以低失败率著称于行业内，但也经历过亚洲互动传媒、麦考林等少数项目的败走麦城，也受到红杉资本在加密项目惨败的牵连。他从中学习到了哪些宝贵的经验，又做出了怎样的改变？这同样是本书作者力求展现的重要内容。

不同于传统的商业传记，本书摒弃了冰冷的数据堆砌和晦涩术语，转而采用以情节驱动的线性叙事方式。翻开书页，您会与沈南鹏同行创业征程，亲历创立携程的戏剧性开局，也会感受他在投资美团前与王兴会面时那些逻辑与灵感的碰撞，同样能共情到红杉内部投决会上错过字节跳动早期投资的那份遗憾。

虽然沈南鹏始终以低调闻名，但作者从二十年间的上百次访谈、数百份文件的拼图碎片中，淬炼出了独特的"双线叙事"，其中既有资本市场的惊心动魄，也有个体成长的细腻温情。那个当年在纽约投行办公室里跑腿、打印、冲咖啡的青年，早已成为以资本推动亿万中国人生活方式改变的大咖。在亲手迎来改变的同时，沈南鹏也多年如一日保留着不变的特质，他既是会将孩子爱看的漫画放在办公室里的父亲，也是能在深夜一点秒回创业者信息的合作伙伴，这些散落在不同时空的言行碎片，共同折射出他在商业偶像外表下真实的人格光谱。

这是一本可以为不同类型读者提供参照标杆的传记。对于创业者，它是"从 0 到 1"的实战教科书，书中以携程、如家为例，详解了一家商业组织从小到大的成长法则，也总结了创始人反思与考量的思维模式；对于投资者，它像一本暗藏密码的行业地图，揭示红杉中国"赛道押注"与"价值发现"的平衡艺术。而对于更多的普通读者，这本书更像是解码当代中国商业文明发展进程的破译器。当您跟随文字里的沈南鹏穿越三十年光阴，终将发现他的名字从来不止于财富与成功的象征，而是关乎个体如何在时代剧变中坚守价值坐标，将有限的天赋转化为推动社会进步的力量，再尽力投入到无限的时间长河中。

目　录

第三章　在线旅游崛起日

第四章　携程鸣锣初告捷

第五章　如家转型再登顶

第六章 红杉入局动风云

第七章 上市大志逸四海

第八章 互联战场意如何

第九章　九万里风鹏正举

第十章　专注最重要的事

附　录

第一章

少年书生潮头立

　　千百年来，杰出者的人生轨迹总是不约而同地呈现上升曲线，勾勒出丰富多彩的故事。尽管最终都闪耀着成功的光环，但他们起点差异之显著，往往更令人印象深刻。

　　有人出生就在罗马，更多人靠艰苦跋涉来到罗马。沈南鹏未获生在罗马的好运，但也无需在底层摸爬滚打、遍尝疾苦。回首往事，当中国沐浴在改革开放初期的朝阳光芒时，他踏上事业起跑线的姿态虽看似轻盈，但坚定有力，他的少年境遇令人啧啧称羡，却又无可非议。

　　那时，他仿佛是罗马城中的异类，既非天生贵族，亦非底层奋斗者，而是手持学业佳绩，在人潮汹涌中，昂首挺胸，大步流星地踏入了这座辉煌之城。

海宁听潮起

后来，沈南鹏常被误认作上海商人。他戴着老派的椭圆形眼镜，头发一丝不苟地梳向脑后，说话温文尔雅，但语速极快。事业上精明能干，生活中低调而注意细节，这些特质，无不让人想起《围城》中的赵辛楣。

但沈南鹏是浙江人。

1967 年 12 月 5 日，沈南鹏出生在浙江海宁。时至今日，海宁也只是县级市，相比地名，更出名的是小城走出的人杰：清雍正年间文渊阁大学士陈元龙（在民间传说中他甚至是乾隆皇帝的生父），清末的国学大师王国维，民国时则文有徐志摩、武有蒋百里。此后金庸也从这里走向遥远的香港报界，成为武侠小说宗师。

让海宁更有名的是钱塘江潮。在这个星球上，钱塘江潮涌的自然力度和审美价值，除南美洲的亚马孙河外，鲜有其他江河可与之比肩者。早在 1900 多年前，东汉哲学家王充就对钱塘江潮涌进行了详细的论述，东晋画家顾恺之更是用《观潮赋》赞叹其壮美气势。唐代时，八月观潮已是余杭一带的风尚。到南宋时期，观潮之风更为鼎盛，八月十八日那天，检阅水师、祭潮、观潮、弄潮等一系列活动接连上演，钱塘江边十余里路，熙熙攘攘，人山人海，留在了历史的风景线中。

自古至今，海宁盐官镇就是观潮第一胜地。每年观潮节时，各地游客都会慕名前往。当天边缓缓出现潮涌时，仿佛素练横空，又似长虹列江，待到潮涌近至眼前，便以千军万马呐喊之势汹涌而来，撞击堤坝如泰山压顶，浪花飞溅似雷霆万钧，展现出大自然无可匹敌的雄浑气势。难怪诗人会说："钱塘郭里看潮人，直到白头看不足。"

沈南鹏从小就喜欢看潮。每年八月，爷爷都会掐准日子，带着他来到离家不远的盐官镇看潮。其他同龄孩子被摄人心魄的潮涌吓得哇哇大哭，四五岁的沈南鹏却并不畏惧，他好奇地瞪着眼睛，看天边那条细密的白线，如何在视野中越来越大，挟带着亘古不变的洪荒伟力，向世间展现出舍我其谁的姿态。

稍大一些，他会在观潮时快乐地拍手、兴奋地尖叫，当潮水退去，他不忘缠着爷爷问东问西，"它们是从哪里来的？""为什么和月亮有关？""钱塘潮和海潮不一样吗？"……诸如此类的问题，经常会难住爷爷。

沈南鹏的童年，是同爷爷奶奶一起度过的。此时的他，对母亲了解不多。但母亲却已小有名气。

母亲叫邵南燕，时任浙江省衢州市国营龙游造纸厂厂长。龙游县是她一生的工作地，造纸则是她一生为之奉献的事业，两者交织，成为她生命中坚守的事业坐标。当她刚接手企业时，面临着工厂亏损、员工懈怠的恼人局面。作为并不多见的女厂长，人们对她并不看好，甚至断言她很快就会干不下去。但事业心极强的邵南燕果断地解决了内外各种问题，企业效益先是扭亏为盈，随即如火箭般直线蹿升，让人们立马对她刮目相看，乃至龙游的老人们在多年后提到她时，依然会竖起大拇指，称她一声"造纸之母"。

邵南燕在龙游的历史地位，本与沈南鹏无关，她俨然是计划经济体制时代当地国营企业辉煌的创造者之一。在整个职业生涯中，她不仅见证了经济与技术的发展，更深刻体会了文化与心理的变革。数十年如一日地辛勤工作，使她即便在退休 20 多年后，依然对整个行业的动态、成绩和困难了如指掌。后来，沈南鹏如此说："我母亲以前是一个国有企业的负责人，也许冥冥之中，经商还真是一种家族遗传。"而邵南燕被问及儿子的成就是否受到自己影响时，则谦逊地表示："我比他差远了，但我们都很拼，这是真的。"

邵南燕确实很拼，她并非传统的贤妻良母，而是将大部分时间精力都倾注在工作中。2018 年春节前后，龙游县委的领导们前往上海拜访她，同去的记者发现这对八十余岁的夫妇，走路速度依然很快，需要疾步才能追上。沈老介绍说："这是她当年在厂里养成的习惯，一有事，就得马上赶回去，必须雷厉风行啊！"

母亲有这样的工作节奏，沈南鹏只能更多跟着爷爷奶奶生活。他模糊地意识到，相比左邻右舍那些整天都在做家务、带孩子的农妇而言，母亲有更重要的事情要做，有更多的人需要她去管理和帮助。

在沈南鹏眼中，母亲始终是自己最尊重也最亲近的人。在他后来的求学道路上，沈南鹏会经常给母亲写信，有时候一周一封，有时候一周三四封。书信里有校园里的各种日常，也有自己的奇思妙想，全都是沈南鹏的汇报话题。邵南燕也凭此和远在他乡的儿子交流沟通。这样的交流方式，让母子之间始终保持着亦师亦友的关系，彼此毫无隔阂。但当他功成名就，与母亲一起被邀请到电视台做节目时，主持人还是注意到了一个特别的细节：当邵南燕开始说话，沈南鹏会毕恭毕敬地坐着，面带微笑地倾听，绝不随便插话。

对母亲同时怀有亲近感和尊重之情，而且能维持到男人成年，乃至维持到了不起的事业巅峰期，这在东方传统文化中并不多见。很多企业家虽然会尊重父母，感激他们的养育之恩，并树立了正确的价值观，却难以公开表达家人间那种温馨与亲近的情感。自然，也有企业家私下和父母很亲密，但却不知道如何向他们分享事业上的心路历程。

但这对母子却相当幸运，一直以来，这些问题在他们之间并不存在。个中原因，离不开邵南燕当初对儿子成长的呵护。她自知没有时间在饮食起居等生活琐事上付出母爱，只能在有限的相处时间里，尽心为沈南鹏提供学习上的启蒙与引导。

那时，老人们习惯打井水喝。为保证水质清洁，邵南燕总是叮嘱他们用明矾先过滤。有一次，她正在过滤井水，被6岁的沈南鹏看到了。他觉得很有意思，就追着妈妈问在做什么。邵南燕耐心地向他解释着明矾的作用，又讲解人们为什么需要干净的饮水。沈南鹏听完后，也学着抓了把麦草灰丢进水桶，一本正经地托着脑袋，看井水有没有变干净。

邵南燕看到年幼的儿子，已经学会了举一反三，自然欣喜非常。不久后，她买回家了一套《十万个为什么》。

童年的求知启蒙

《十万个为什么》是由少年儿童出版社在20世纪60年代初编辑出版的一套青少年科普读物，至今已出版6个版本，累计发行量超过1亿册，成为新中国几代青少年的科学启蒙读物，是中国原创科普图书的第一品牌。

70年代初，不用说智能手机、平板电脑和儿童电话手表，黑白电视、收音机在当时都是海宁人闻所未闻的稀罕物件。有长辈的照顾，加上厂子的效益越来越好，邵南燕并不担心孩子的吃饱穿暖和安全成长，唯独希望用这套书给孩子提供更多精神食粮，让他即便在视野狭窄的小镇里，也能开眼看世界。

果然，沈南鹏很快爱上了《十万个为什么》。他将这套封面红黑相间的书精心保管在大纸盒里，时常随手从中抽出一本静静地翻看。尽管识字不多，但他还是半读半猜地弄懂了许多问题，像"彩虹为什么会有七种颜色""世界上最小的鸟是什么鸟""磁铁为什么会吸住铁""赵州桥是怎样设计的""哥德巴赫猜想是什么"等等，书的内容囊括了数学、天文、地理、人文、医学、生物、化学、物理，让他如同闯进宝库的孩童，满眼都闪耀的知识光芒。

当书本滋养下的好奇心不断萌生时，沈南鹏人格深处的好胜心也日益强烈。人们发现，表面文气的他，竟有着一股意料之外的狠劲。

那是炎热的夏季，放暑假的哥哥去钓鱼，带上了"跟屁虫"沈南鹏。前者熟门熟路，很快钓上了几条大鱼，而沈南鹏却只钓上两条小鱼。眼看天色将晚，哥哥站起身来，提上了沉甸甸的桶子："南鹏，回家了。"

"不回！"沈南鹏鼓起腮帮子，不大的眼睛又瞪起来："我今天钓不到大鱼绝不回家！"

哥哥没想到他这样执拗，只能硬是陪着他，钓上了一条稍大的鱼，才算完成了任务。

钓鱼的劲头很快延伸到学习中。除了偶尔出去玩耍外，沈南鹏更喜欢坐在一张小书桌前，看书、写字、算数学题目。尽管窗外总是会传来孩子们的欢笑，但他却能长久地沉浸在自我世界里。

正是此时，女强人邵南燕在工作之余，开始思考严肃的问题：孩子眼看长大了，将来的教育应如何开展？

1974 年，沈南鹏 7 岁时，爷爷去世了。邵南燕更坚定了将沈南鹏送出去的决心。她说服家人，将沈南鹏送到上海读小学。平时，他住在上海的姑妈家。姑妈此时还没有孩子，正好方便照顾他上学。

从此之后，沈南鹏告别了小镇的静谧，告别了海宁的潮声。

即便后来沈南鹏走向繁华世界，投身激烈的商业战场，他也始终没有忘记海宁的童年。他曾对籍贯浙江海盐的作家余华说："我们那个地方的人都没有什么脾气，却有着坚韧不拔的志向。"

70 年代，全国人民最向往的去处有两个：一是北京天安门，二就是上海外滩。听说要去上海，沈南鹏开心极了。他早已在书本和画报上"看见"外滩钟声的描述，看过了蜿蜒的黄浦江，但却从没去过这座比海宁要大许多倍的城市。

沈南鹏就读上海第二小学。

仁者乐山，智者乐水，或许得了钱塘江潮水的馈赠，沈南鹏刚踏上求学之路，他的聪明就展露无遗。小学课程对他而言几乎毫不费力。

语文书上的课文，他只是简单地读几遍，就能完整地背诵出来。最让他感兴趣的则是数学，在其他孩子看来抽象乏味的加减乘除，在他眼里就是最有意思的玩具，那种将出题者的心思破解到天衣无缝的成就感，让沈南鹏为之痴迷沉醉。哪怕在宝贵的课间十分钟里，其他男生全冲到操场上追逐打闹，他还是纹丝不动地坐在课桌前演算着数学题。

可想而知，对这样的孩子，普通小学的日常数学课程，根本不够他"吃饱"。沈南鹏开始不断央求姑妈，给自己找新的数学题。然而，在没有校外教培行业的年代里，即便有钱，又能去哪里找更难的题目呢？姑妈犯难了。

好在这里是上海，小城解决不了的问题，难不倒上海。姑妈带着沈南鹏来到市少年宫，询问这样的孩子是否能进数学兴趣组。老师随手出两道题，没想到沈南鹏头也不抬，十分钟就解出来了。

从此之后，沈南鹏风雨无阻，每个周末都去少年宫数学班解题、讨论和学习。上海少年宫的主楼曾是英国商人埃黎·嘉道理的私人别墅，是用灰色大理石建成的，人们称之为"大理石楼"——这幢经历了百年风雨的建筑物，成了沈南鹏儿时挥洒汗水、书写梦想的乐园。对他而言，在这里"刷题"就是最好玩的事情。只要碰到一时半会儿解决不了的问题，他就会安静地坐在桌前不停地列出算式、推演关系，哪怕少年宫下课铃声响起，他也充耳不闻，非要将题目的奥秘解开才肯罢休。

1978年后，中国进入"科学的春天"。中断了二十多年的全国数学竞赛重新开赛，中国也接到了IMO（国际数学奥林匹克竞赛）委员会的邀请。上海少年宫的数学班，顺理成章地升级为奥数兴趣小组，沈南鹏则是其中的骨干组员。奥数这件充满乐趣和挑战的事，此后一直伴随着他从童年走向少年。即便到了青春懵懂的年纪，他依然把成为数学家当作自己的人生梦想。

当孩子主动磨炼智商、迎接压力，处理自身情绪和周围关系的能力也会大大提高。沈南鹏虽然喜欢数学，但他绝不是"书呆子"。在上海，他感受着与家乡截然不同的生活节奏和处世态度，很快全面适应了新环境。起初，母亲还担心他适应不了上海，在他上小学几个月后就特地来看他。没想到，此时的沈南鹏已经拉着她，用地道的上海腔"阿拉"不停。邵南燕很是高兴，带着沈南鹏去买菜回来做饭，没想到懂事的沈南鹏拉拉妈妈衣袖说："妈妈，买几根就好啦！"

邵南燕笑了。在海宁时，她也带孩子买过菜，但沈南鹏那时根本不知道什么叫省钱。而现在，他真的开始懂事了。

在学校，沈南鹏也显示出比周围同学更加沉稳的性格特征，他的沟通能力也给同学和老师留下了深刻的印象。

有一次下课时，班级里两个男生发生口角，你一言我一语，迅速升级为互相扭打。眼看个子高的男生就要将对手压到墙角，同学们有的惊呼，有的去找班主任，只有沈南鹏冷静地走过来，他将手搭在两人的肩膀上，小声地说了几句话。

他的话仿佛有神奇的魔力，让原本涨红了脸的男孩子们放下了绷紧的手臂，笑容重新出现在脸上。当班主任闻讯赶来时，看见的是沈南鹏居中，其他人环绕，一片和谐的景象。

原来，沈南鹏最近读了一本书，里面记载了隋唐年间的好汉，如何从最初的误会打斗，变成后来的患难与共。为了劝架，沈南鹏问两位小伙伴，知不知道这段"不打不相识"的英雄故事。一听说是英雄，两个男生轻而易举地就被沈南鹏劝解开了。

班主任知道后，开玩笑地对他说："沈南鹏，你这个名字确实很大气啊，你会是南方飞来的大鹏鸟吗？"

时光飞逝。快乐的小学时代很快结束了。1979年秋天，沈南鹏个子长高了，他背起更大的书包，走进了上海市第二中学的大门，开启了新的学习篇章。

上海交大，"天才班"我来了

用"百年名校"形容这所中学，恐怕并不为过。1902年，上海务本女塾开校，这是我国最早由国人创办的女子学校之一。1967年，学校改名为上海市第二中学。在沈南鹏入学前一年，市第二中学经上海市教委办批准，恢复为上海市重点中学，并先后恢复了团委、少先队、工会和学生会组织，整所学校焕发出勃勃生机。后来，这里还走出了中国篮球协会主席姚明、联想集团高级副总裁童夫尧、影视明星胡歌和徐峥等名人。

在秋日校园里的树荫下，沈南鹏时常埋头看着不同的数学书籍。上课时他的解题思路犹如利箭穿过迷雾，清晰明快地直取结果。这个文静而聪颖的男生很快受到了老师们的关注。因为相比其他人，他的学习成绩底子确实好太多，尤其体现在数学上。

沈南鹏倒是无暇顾及他人如何看待自己。中学课程相比小学，难度提升了一个台阶，对他而言是新的挑战。老师们的辛勤教导则更让他受益匪浅。

2022年，在特地为上海市第二中学120周年校庆录制的视频中，沈南鹏讲述起当时的感受。他说："在市二……更重要的是学习方法论。在市二，我开始揣摩对某一个项目、对某一个问题怎么能够建立自己的一套研究的方法论。这个不是在课本上能够读到的，而是通过老师的课堂授课，在这当中自己去领悟，自己去把握的。我非常感谢市二的老师给了我这样的机会，让我第一次领悟到学习的能力。"

当然，这所有着悠久历史的中学，也教会了沈南鹏如何做人。他说："学校文化给我留下非常深刻的印象，做一个正直诚实的人，我感觉这是一个人在社会上的立足之本，市二给我一种教诲，给我带来一种重要的人生原则。伴随我一直到今天的事业当中……"

沈南鹏没有提及中学时代获得的成绩和荣誉。自然，相较他今天的投资成就而言，这些荣誉终究不过是青萍之末。但在当时，他的名声不仅响彻整个第二中学，甚至在上海市民中也引起了不小的反响。

沈南鹏首次"出名"源于 1982 年的中考成绩。当时，满分 600 分的中考试卷，他只扣了 4 分，以 596 分的成绩走进了二中高中。除了班主任外，绝大多数人听到这样的成绩时都感到不可思议和敬佩，因为这不仅说明其学习基础的扎实、学习态度的端正，也说明其强大的应试心理素质。即便如此，沈南鹏自己倒是很不满意，分数出来后，他为了那扣掉的 4 分纠结了很久，想要搞清楚到底为什么会出错。

高一时，沈南鹏又代表学校参加全国数学竞赛。这次的全国数学竞赛，对上海人有着不同的意义。

1978 年，经国务院批准，高中数学竞赛活动重启。数学家华罗庚亲自主持规模空前的八省市高中数学竞赛。这年 6 月 23 日，邓小平在听取教育部关于清华大学的工作汇报时，特意指示说："数学竞赛中考得好的可选一些出去。物理化学也可搞竞赛，把考得好的派出去学习。数学是学好自然科学的基础，挑选竞赛中优秀的十五六岁的青少年出国学五年，二十来岁回来就可起作用。"

全国范围的数学竞赛正式拉开帷幕，但性质从"完全官办"转变为"民办公助"。全国数学竞赛成为群众性的课外活动，学生完全凭兴趣报名参加，不予强求。

1981 年，全国高中数学联合竞赛在北京举办。第二年，比赛转由上海举办，28 个省市参加。

上海人民从来不会在任何领域服气谁，在教育领域更是如此。此时，全国上下正加快改革开放的步伐，重视科技人才培养的意识，已深入到每个家庭。对于这次主场举办的全国数学竞赛，上海市教委志在必得。沈南鹏就是他们眼中的主力选手。

比赛成绩很快公布，沈南鹏荣获本次全国竞赛的一等奖！

消息很快从市二中传遍教育界，又传到寻常百姓家里。一时间，上海滩许多人都知道这个姓沈的高一学生。年轻的父母们指着报上的这个名字，激励刚上学的孩子；头发花白的教师，则在班级里列举着他的成绩，赞叹不已。

不过，沈南鹏还是那个沈南鹏。15 岁的他在校园里依旧行色匆匆，人们看到他的最多状态，就是在做题目。

1983 年，沈南鹏参加了美国中学生海外赛区竞赛，又一次获得冠军。

连获两个国家级竞赛冠军，在上海市二中的历史上绝无仅有。沈南鹏取得了他人生中的第一个辉煌荣誉。

1985 年，凭借优异的数学成绩，沈南鹏免试进入上海交通大学教育改革试点班，他选择了应用数学专业。

上海交通大学是我国历史最悠久的高等院校之一，其前身为南洋公学，创立于 1896 年。一个多世纪以来，上海交通大学始终将为国家培养人才作为办学宗旨，为社会源源不断输送 20 多万各类优秀人才。其中最著名的包括江泽民、陆定一、黄炎培、邵力子、邹韬奋、钱学森、张光斗、汪道涵、王安、陈竺等人。在理工科领域，交大尤其出色，在我国历届"两院"院士中，有 200 多名交大校友。在国家宣布的 23位"两弹一星"功臣中，也有 6 位交大校友。

数学是理工科最坚实的基础，交大对数学专业尤为重视，校方特意开设了应用数学系"试点班"。

那个年代的高校试点班，是我国教育历史上一道不同的风景线。1978 年 3 月，在著名物理学家、诺贝尔物理学奖获得者李政道教授的支持倡导下，在邓小平、方毅等党和国家领导人的支持推动下，中国科学技术大学率先成立了创新试点班，专门招收尚未完成常规中学教育但成绩优异的少年学生。

随后不久，各大高校纷纷开设自己的"试点班"。大多数学校将招生对象确定为高中毕业生，对其学业成果水平设立了更高的门槛。但沈南鹏这样的学霸，凭借其现有成绩荣誉即可保送进入，无需参加千军万马过独木桥的高考。因此，当时的新闻媒体又称之为"天才班"。

18 岁，在最好的年纪，带着最亮眼的光环，沈南鹏走进了他最心仪的数学专业。这个夏天，如此励志而美好，人们见证这个少年朝着心中的数学梦想，一路奋进。

哥伦比亚大学，事业的选择点

1985 年 9 月，沈南鹏捧着录取通知书，站在上海交通大学牌坊式大门前，留下了青春的剪影。当 80 年代青年最为心动的"咔嚓"声清脆响起时，沈南鹏心中油然升起一股强烈的个人责任感。

漫步在校园的林荫小道，看着穿行身旁的学哥学姐，沈南鹏享受着这里的每一处风景。当他来到校园内秀美的思源湖岸边，内心已洋溢起沸腾的热情。他知道，这里上百年的学风血脉，其精神与责任如今已交到了自己肩上，他必将为母校、为故乡、为国家创造更为辉煌的成绩。

全国一流高校，有着一流的教育资源。过去，无论是在少年宫还是在二中，沈南鹏接受的更多是以竞赛为导向的训练，培养内容主要集中在逻辑思维的解析和运用上。而在上海交通大学，他终于得以步入数学这一宏观科学体系的殿堂，了解其本质思想的奥妙。

大学之道，在明明德。而引领学生明德离不开大师。交大有我国数学界最负盛名的大师，有两院院士，还有国家重大科研项目的专家成员，更有能接触到学术研究前沿信息的外籍教授。这些都是沈南鹏一直以来所憧憬的，而现在，他们的授课，终于成为触手可及的图景。

童年时远眺钱塘江大潮的那种感觉回来了。这一次，沈南鹏变成了吸收知识的海绵。在课堂上、在图书馆里、在自习室里，他如饥似渴地学习着各类典籍，遨游在数字和符号的海洋中，不断丰富着对学术体系的理解。在别人看来，试点班的课程起点高、内容多、进度快，即便对于这些"神童"也并不轻松。但沈南鹏依然学有余力，他在大二上学期就完成了整个大学阶段的教材学习，随即开始深入研究自己感兴趣的领域。此外，他还涉猎了理工、哲学、历史、文化和商业书籍，饱览人类的智慧成就。浩瀚知识的潮水一次次冲击着他的心灵，让他对科学、社会和人生的理解更为深入。

沈南鹏不仅在学业上有长足进步，整个人都变得更加成熟。

入学后不久，沈南鹏听说母亲的厂子出事了。当时，正值盛夏，造纸厂的旧仓库里堆积了很多原材料。由于管理和工人的疏忽，发生了火灾。熊熊大火烧了整整一天一夜，虽然没有任何人员伤亡，但经济上却损失严重，这让邵南燕背负着一定的思想压力。

在沈南鹏看来，母亲从来都是乐观、勤劳、敬业的女强人。他相信母亲不会因此而低迷，但也觉得自己毕竟还是要做些什么。于是他给邵南燕写了封信，他说，作为这么大一个企业的领导，你不可能有办法把任何方面都照顾到，而且很多时候，很多事情都是没有办法通过人为努力来控制。因此出现这样的事情之后，我觉得你要做的是去进行稳妥的善后处理，而不是去想太多。

一直以来，沈南鹏都采用书信的方式和母亲联系。但唯独这封信，他希望有更多的人能看见，最好在舆论上可以帮助母亲减少压力。于是，他将这封信发给了学校校刊。果然，信中真切的语言让编辑们很感动，他们将信照原样刊发。沈南鹏虽然在外求学，但依然关注家人遇到的问题，这种朴实的情感唤起了很多人的共鸣，不少人写信给编辑部，表示对邵南燕的支持。

知道这一切后，邵南燕倍感安慰。他发现，沈南鹏确实长大了。在此之前，尽管沈南鹏的学习成绩让她骄傲，但毕竟母子情深，她觉得儿子终究还没有成人，更需要父母的呵护。但这一次，邵南燕相信孩子确实长大了，既然沈南鹏能主动理解和关心妈妈，那就不用担心他在外面的为人处世了。

邵南燕想得没错。大学生活让沈南鹏有了更大的变化。从大一开始，他就满怀新奇地体验着大学与高中的不同。在交大，专家讲座报告、校园歌咏比赛、院系文化交流、学生文艺汇演、兴趣社团活动……各类活动精彩纷呈，带着改革开放时代特有的新思想新文化扑面而来，让沈南鹏目不暇接。经过了这次家书登报后，他多了一份自信，在实现数学深造目标的同时，沈南鹏想要拥有更多的校园经历，为同学们创造更多价值。

如何实现这样的梦想呢？沈南鹏自然而然地将目光投向学生会。

此时，学生会在高校管理体系中的角色正变得越来越重要，成为学生和学校之间的沟通纽带。沈南鹏觉得，进入学生会不仅能开阔视野，从更高层面看待校园，还能服务好同学，认识更多新的朋友。他下定决心，要加入学生会。

在师兄的帮助下，沈南鹏进入数学系学生会，先是帮忙做些简单的事务性工作。他聪明能干，很快熟悉了日常主要工作流程，得到管理老师、主要干部的充分认可。一个学期后，他就由于表现优异，被任命为学习部部长。

大二下学期，恰逢学生会换届选举，沈南鹏作出决定，参选学生会主席！按照该系惯例，通常都是由大四学生担任这个职务，只有这样才能充分"服众"。这次竞选，主席的候选人也都如此。沈南鹏并未因此而退缩，反而鼓足干劲想要打破这个惯例。他积极发放问卷、谈心沟通，了解同学们对学生会的意见和建议，询问大家的需求，并不断完善自己的竞选演讲和工作计划。对于他的充沛热情，同学们也给予了积极回报：经过投票和统计，沈南鹏高票当选，成为交大数学系新一届学生会主席。

沈南鹏非常高兴，并非因为"当官"，而是觉得自己赢得了重要的机会，能用学习成绩之外的价值，回报学校、服务同学、彰显自我。他刚走马上任，就召开了全体学生会干部会议，详细地解释了自己的工作理念，要求学生会能积极增强服务意识，增设必要的部门，更好满足同学们的需要。

随后，学生会的工作面貌焕然一新。学术讲座、知识交流、系内活动、院系联谊、社会调研等各类活动都开展得有声有色，赢得了大家交口称赞。

两年后，即将毕业的沈南鹏从学生会主席位置上"退"下来，他的工作表现获得了全系学生的高度认可，其满意度为92%，是交大数学系五年来对学生会主席的最高评价。

1989 年夏天，沈南鹏毕业了。站在古老而崭新的外滩，听着海鸥的阵阵鸣叫，他将目光投向了海的那一边。很快，他的留学申请被批准了，位于美国纽约的哥伦比亚大学对他给出了最高奖学金。沈南鹏决定去那里进修数学博士课程。

7 月 15 日，沈南鹏初到美国。下飞机时，他全身上下只有区区300 美元，而奖学金还需要等到两个月之后开学后才能拿到。于是，沈南鹏"蹭"住了一位同学在纽约皇后区的房间。后来他回忆说："这所房子就像是个'中转站'，因为那里住过的都是刚来美国的留学生。"

在这里，沈南鹏住了一个多月。认识了不少来自五湖四海的年轻人，他和人们喝咖啡聊天，描述中国正在发生着的翻天覆地的变化。仿佛在一夜之间，沈南鹏就不再是上海的大学生，而是代表中国在纽约发声的年轻人。

9 月，哥伦比亚大学开学了，他的海外求学生涯正式起航。

哥伦比亚大学成立于 1754 年，此时已经有近 150 年的历史，是美国著名的"常青藤联盟"八大名校之一。其最著名的专业是医学、法律和工商行政管理（MBA），在自然科学领域如化学、生物、计算机、地理等方面也在全美名列前茅。当时，哥伦比亚大学新兴的专业是 MBA，其课程设置灵活多元，面向全球积极招生，享有"新世纪课程"的美誉。

如果沈南鹏能预见到未来，他很可能选择这个专业。因为这很可能为他日后的商业生涯开启不同的开端。然而，这位 21 岁的年轻人，依然像对待心中初恋那样痴迷着数学，他丝毫没在意命运给予的首次商业契机，而是毫不犹豫地选择了哥大的数学系，就读数量分析专业。

数量分析是一门重要的数学分支科学，主要是在一定的理论指导下，运用数学原理、数学公式、数学图形等，通过建立数学模型、运用定量分析等方法，对问题进行计算和求解，从而为解决现实问题提供良好决策。这门科学离不开各式各样的数学模型，模型既要符合一定数学原理，又要足够准确地反映客观事物之间复杂的数量关系。不仅如此，在建立和使用模型的前后过程中，专业人员还应设定必要的步骤，并遵循一般程序。

上述内容，普通人理解起来都很困难，但已经是对数量分析学科最简单最肤浅的描述。可想而知，将之选为自己的博士研修课程，沈南鹏有多大的勇气。但遗憾的是，这种勇气很可能基于他此前将外界树立的"少年天才"形象过度投射到自我评估中，失去了长远而言的客观性。

事实上，入学仅半年，被各类数学模型淹没的沈南鹏，突然发现自己似乎不再那么热爱数学了，那个曾在脑海中无数遍勾勒的数学家美梦，正被眼前的现实冲击得摇摇欲坠。他发现，自己尽管加倍努力，但在这里却不再是佼佼者了，比自己聪明而努力的人，简直大有人在。

沈南鹏陷入了迷茫：我究竟是否拥有数学天赋？那些昔日的荣誉

与光环，莫非只是虚幻的泡影？

是坚持读下去，继续朝着数学家的目标努力，还是选择新的领域去探索？在哥伦比亚大学，沈南鹏即将走向自己一生事业的选择点。

立志向商，转身是耶鲁

沈南鹏没有迷茫太久，因为时间不允许，而他也并非优柔寡断的性格。很快，他想通了，来美国之前，自己成长发展得太顺利，以至于忽略了真正的数学家与优秀的数学研习者之间，还有着巨大鸿沟需要逾越。想在数学这个古老的学科领域有新的建树，解题技巧的熟稔原来只是起步而已。

正如国际著名华人数学家、菲尔兹奖首位华人得主丘成桐后来所说："想要成为数学家，并不是做题就可以，特别不是做别人出的题，而要自己发掘好的研究方向、好的问题，走出一条自己的路。"他更指出，数学竞赛原本只是一种数学智力游戏，奥数成绩即便考第一也并不见得能成为数学家。

对沈南鹏而言，如果在少年时就听到这样的教诲，也许不需要在哥伦比亚大学花费半年时间去探索。即便如此，现在的他也明白，靠之前对数理逻辑思维的训练，将博士学位拿到手确实没有问题，但想要成为杰出的数学家，恐怕自己还力有未逮。

最让沈南鹏感到心惊肉跳的，是那些成绩比他还好的同学，依然整天能坐在图书馆里研究学术。无论自己怎么用功，想要缩小同他们之间即便最微弱的差距，恐怕也是难上加难。

在现实面前，沈南鹏仿佛看到自己未来的一生。他将在毕业后归国，成为一名普通的高校数学教师，教学、答题、写论文……伴随年纪增长，评上教授职称，最终安稳退休。

这不是沈南鹏一直以来的理想。他不愿自己昔日的那番拼搏与汗水，最终只化作平淡无奇的岁月，归于庸常。于是他想到了另一条路——去做那些能利用到数学的工作，让自己的才华换一种方式发光。

此时，哥伦比亚大学一位中国留学生的经历，打开了沈南鹏的思路。这位留学生同样学习数学，但对学业不算太投入，毕业时根本没有打算考博士，甚至还有一门考试都未能通过。但是，凭借着哥大这块金字招牌，他靠着华丽的简历、充分的准备以及在面试中的出色表现，进入了华尔街的大公司。不少人都说，他获得的年薪，比从事学术研究要高得多。

高薪对沈南鹏确实有着吸引力，但他想要的远不止高薪，而是能在美国扮演更重要的角色。众所周知，美国是典型的金字塔社会，每个人都有自己注定的起点，如果想要向上攀得更远、飞得更高，每一步都需要坚实的努力。这不仅取决于个人学历，更与综合素质息息相关。

以华人为例，很多中国学生毕业进入美国企业后，依然埋头于技术角色。除了工作外，他们几乎不和那些肤色各异的同事有任何私人交集，面对上司和老板，更是只懂职场上最表层的交流，却缺乏深入沟通。这让很多美国人给中国员工打上如"学霸""内向""社交恐惧""缺乏热情"等标签。正是这些标签，让中国人很难走到金字塔的中部乃至顶端。

沈南鹏是特例。虽然他也埋头苦学，但并非两耳不闻窗外事。刚开始，他对美国的饮食、风俗、社交等都并不习惯，但他有着自幼离家求学的经历，做过学生会主席，现在又有一口流利的英语，面对陌生环境丝毫不会犯怵。

更重要的是，沈南鹏还非常关心别人。他有一位印度同学嘉噶，身体素质不佳，有一次又生病了，周末都躺在床上。宿舍里的同学安慰了几句，就匆匆出玩了。当偌大的寝室只剩下孤独的嘉曙时，沈南鹏却突然来访。他提着从超市买来的亚洲水果，进门就嘘寒问暖，把学校发生的新鲜事告诉嘉曙，还建议嘉曙试试中药，直到嘉曙感觉不孤独，他才离开。

这次探病，让嘉曙很感动，同时也温暖了许多留学生的心。大家都觉得，在离家遥远的美国，是应该有这样善良诚挚的朋友。沈南鹏很快就认识了一帮外国朋友，融入了纽约这个现代国际大都市。

正是这样的外界评价，让沈南鹏开始重新审视自己，而不至于一味陷入苦恼中。在那段日子里，他经常独自坐在寝室里，呆呆地望着纽约陌生的天空，思索未来发展方向，了解自己真正的内心想法。他发现，自己过去更多的是发掘了逻辑思维能力，而现在，该是发掘其他特质的时候了。

沈南鹏开始动摇，决定放弃数学专业，从哥伦比亚大学转学。这个想法刚冒出来时，他自己都吓了一跳，觉得有些不可思议。因为这意味着多年来自己在数学方面花费的时间和精力都将付诸东流，取得的成绩和荣誉都会被束之高阁。他忍不住将内心矛盾向朋友和家人倾诉，大多数人听后，都觉得这只是年轻人的一时冲动，并没有人真正建议他改换专业。

沈南鹏有些犹豫，此时的他内心还没有强大到无视大多数身边人的意见。但他又隐约觉得，自己此时如果放弃，看似保留了数学方面的希望，却丢掉了外界无限可能。真的要这样做吗？

在万千犹豫中，促使沈南鹏改变的并非更多纠结思考，而是一次不期而至的阅读体验。沈南鹏后来这样描述说："当时，做出那个决定还真不容易，缘于一个偶然的契机。"

除了校园，沈南鹏在纽约最常去的地方就是中央公园。每当周末闲暇时，他总喜欢坐在那片著名的巨大草坪上阅读、思考。这天，心情烦闷的他信步走到这里，随便找了棵大树旁坐下，心里盘算究竟应何去何从。忽然，草丛里一本熟悉的线装书吸引了他的注意力。那是一本繁体中文的书籍，封面上赫然写着《六祖坛经白话本》。

这本书，沈南鹏也曾听说过，但从未仔细读过。他信手捡了起来，越读越觉得有意思，便一页页翻下去。不知不觉中，夕阳西下，沈南鹏缓缓合上书本，书中的那些金句如同烙印，深深镌刻在他的心灵深处。

"见性之人，立亦得，不立亦得，去来自由，无滞无碍。"

"有灯即光，无灯即暗；灯是光之体，光是灯之用。"

"外若着相，内心即乱；外若离相，心亦不乱。"

"明心见性，直指本心。"

……

《六祖坛经》是一本佛教典籍著作，蕴含了深厚的东方智慧。这些金句指向了同样的道理：如果一个人不能明确本性，不能遵循内心，不管做什么都会缺乏真正的意义。

沈南鹏豁然惊觉：自己之前不就是没有"明心见性"，不就是陷入"着相"的境界吗？趁着年轻，必须做出抉择，找寻内心真正的自己！

第二天，沈南鹏不再询问别人，而是直接选择了转学去考 MBA。经过分析，他认为，这个专业需要缜密的逻辑思维能力，这能最大程度用上自己所学，而且毕业后也不会泯然众人。自己完全可以进入金融世界去积极进取，走向金字塔更高的阶层，如果去读其他专业，原先所学也就没有太大优势了。

沈南鹏凭借良好的基础和勤奋地备考，很快拿到了耶鲁大学商学院的录取通知书。此时，他才敢打电话向父母报告，说自己打算转学换专业。出乎意料的是，母亲邵南燕并没有责怪他，而是非常尊重他的想法。正如沈南鹏后来总结所说："我母亲是一个国有企业的负责人，或许冥冥之中真的有家族遗传吧！"

在那个年代，大多中国人不用说读 MBA，就连这三个英文字母代表什么意思也不清楚。但沈南鹏却非常自信，无论是为了自己、家人还是祖国，他都相信自己会付出足够的努力，在这个领域再次发光。

耶鲁大学，位于康涅狄格州纽黑文市，是美国最著名的大学之一。耶鲁商学院创建于 1976 年，最初并不出名，后来由于教学的实践性而闻名全美。在这里，课堂上的教学案例来自于世界各国著名企业的管理实践，教授讲究理论和实际相结合，学生们经常被带到各大企业参与管理实习。

沈南鹏并非科班出身，他的商业基础知识薄弱。这也正是他选择耶鲁商学院的原因。他详细地了解了这所学院，认为其之所以能从无名小卒突飞猛进，跻身为著名商学院，主要在于其别具一格的特点，沈南鹏相信，这种氛围非常适合自己。当然，他自己坚韧不服输的性格才是最重要的。从入学后，他就非常刻苦，为了一次课堂讨论，他可以花费整整一周时间进行发言准备，这种认真精神让师生都感到吃惊。经过认真学习，原本基础并不好的沈南鹏果然进步神速。很快，每次上课，老师们都能发现他相比上一次的进步。

两年的 MBA 学习生涯很快就过去了。在耶鲁商学院，沈南鹏深刻领略了商业的魅力，他第一次发现，这个贯穿人类历史的古老行业，原来和数学联系那样紧密，同时又与人性完美契合。在外人看来，它是金钱、数字的游戏，但只有深入其中，才能发现它闪烁着理性与感性融合的美妙光芒。

除了领略到商业美好，耶鲁也给沈南鹏留下了美好的求学回忆。美国同学格雷，有着卷曲的头发、长长的胡子、脾气温和善良，但对学习却非常较真。有一次在课堂上，格雷和老师就某个问题争论起来，双方都忘记了这是课堂，互相辩驳了十分钟，最后谁也没说服谁，反而逗得同学们偷笑不止。沈南鹏很喜欢他们这种认真的性格，和格雷成了好友。

不久后，格雷喜欢上一位华裔女孩，为了早日俘获芳心，他特意向沈南鹏请教，了解中国人是怎样追女孩的。此时，沈南鹏已经俘获了女友雍景欣的芳心，自然大有经验可以传授，但他脑子转了转，决定"敲"老美一把，让格雷请他吃必胜客。当看到沈南鹏点的全都是硬菜时，格雷紧张地瞪大了眼睛。

沈南鹏没有白吃，经过他的指点，格雷的恋情发展很顺利。如此一来，他和沈南鹏的友谊更加深厚。只是在人多的时候，格雷会故意喊沈南鹏"必胜客"的外号，让很多人会心一笑。

1992 年，沈南鹏从耶鲁商学院毕业，结束了他的学习生涯，即将面对更为广阔的天地。此时的他，踌躇满志，满心欢喜，想将毕生所学迅速投入向往的商业领域，随即拿下一个又一个新的成绩，让鲜花和掌声、礼服和奖杯、美酒和闪光灯交相辉映，让人生能步入更高的境界。

这样的梦，即便普通的大学毕业生又何尝没有做过？何况是沈南鹏这样年少成名的学霸？这是青春所独有的冲动，也是每个人在最美好的年龄做过的最美的梦。

沈南鹏很快也会面临与普通人无异的困境，他会发现社会不会因他的优异学业便青眼相待，职场的冰冷规则对他同样毫不留情。当青春的炽热撞上现实的坚冰，他会何去何从？新的故事即将在他 25 岁的人生中上演。

第二章

职场磨炼始成金

　　离开学校，沈南鹏犹如走出一座盛情相迎的城堡。在那里，尽管他多年如一日沐浴荣光，但内心怎甘被此处风景永久束缚？

　　沈南鹏想要更多。他渴望破译华尔街高楼大厦背后的财富密码，他向往体验大西洋千年涌动的浪潮节律，他更愿攀上横亘北国的长城之巅，从那里俯瞰广袤之地，聆听更多同行者发出的共鸣呐喊。

　　然而，想要坐拥白月光，你必须从捡满地的六便士开始，否则你永远只能眺望。与那些出身显赫的人相比，即便沈南鹏才华横溢，也需从异国他乡的职场底层砥砺前行。而他，也为此做好了发起挑战的准备。

就业从寒冬开始

25 岁这年，毕业典礼结束后，沈南鹏和同学们漫步在耶鲁的草坪和礼堂旁，大家欢声笑语、拍照留念，享受着校园里最后的欢聚时光。

女友雍景欣牵起沈南鹏的手，笑颜如花。今天，她特地赶来耶鲁，参加沈南鹏的毕业典礼。

雍景欣是沈南鹏的初恋。在交大时，儒雅优秀、能力出众的沈南鹏就不缺乏异性缘，早有女生明里暗里表示爱慕之意。其中也不乏漂亮、优秀的，但沈南鹏都一一婉拒了。

他后来说："其实当时也有心动的时候，有的确实很优秀。但没有什么好遗憾的，我是在等待一个机会。"

沈南鹏说的机会，就是自己心动的机会，它就这样悄然到来了。

来美国后，沈南鹏经常参加中国留学生活动。在一次偶然的聚会上，他邂逅了雍景欣，那一刻，仿佛有一股无形的力量，瞬间紧紧抓住了他的心弦。

沈南鹏后来笑着说："我第一个感觉是，有了，这个就是我要找的另一半。时间仿佛停滞了一样，我足足看了她有十几秒。"

漫长的十几秒后，沈南鹏立刻意识到自己的失礼，连忙端起杯子喝水，算是掩饰。他从来不会放过任何机会，无论是现在的爱情，还是以后的投资。于是他做了几次深呼吸，努力平复心情，走向雍景欣身旁并攀谈起来。

很快，沈南鹏发现雍景欣也来自上海，同样是上海第二中学毕业的。两人的关系瞬间拉近了，亲切地用上海话聊了起来。聚会快要结束前，沈南鹏要到了雍景欣的联系方式。鸿雁传书、电话致意，在这年的圣诞节，沈南鹏坐飞机跨越大陆，先从西海岸来到东海岸，又转乘长途大巴，一路颠簸赶往佛罗里达。这次花费了整整一天一夜的爱情突袭，彻底打动了雍景欣，两人随后确定了恋爱关系。

当时，雍景欣在佛罗里达的一家商学院学习，这次聚会上的偶遇，既帮沈南鹏打开了爱情之门，也帮他了解到商学院的专业，为他后来选择进入耶鲁打下基础。

今天，看着面前温柔知性的女友，沈南鹏笑了。他因顺利完成学业而高兴，更为收获了美丽而纯真的爱情而倍感自豪。

人群逐渐散去，两人坐在草坪旁，看着湛蓝的天空，尽情畅想两人的未来。

雍景欣说：“南鹏，毕业了，你打算去哪里？”

沈南鹏说：“我的目标已经定好了，我要去投行，最好是华尔街的投行，在商场上做一番事业！”

回报他的，是雍景欣崇拜而嘉许的眼神，如同春风一般，激励起沈南鹏的前行决心。

然而，想进投行又谈何容易呢？

沈南鹏学的是工商管理硕士专业，此时，国内连企业改制都尚未萌芽，市场经济体制处于蹒跚学步阶段，少数成规模的私营企业也沿袭着家族式管理制度，连现代企业管理结构的轮廓都尚未具备，更不用说引入职业经理人了。沈南鹏后来也分析说：“念 MBA，非但不像现在这般热门和必需，说实话，（很多人对）它是个啥东西都不知道。

对于大众，哪怕是一般大学生而言都是陌生的。"显而易见，他想要打下事业基础，就只能留在美国发展，而留在美国只剩下两条路：第一条是进入咨询公司。第二条是进投资银行。

对这两条路，沈南鹏进行了仔细分析。

他发现，想要进入咨询公司，既要有丰富的商业经验，还要有根深蒂固的社会关系，才能从激烈的竞争中脱颖而出。更不用说，现在的市场环境也不容乐观。

此时的美国，正处于90年代初开始的经济萧条局面。老布什政府在任期间，美联储多次降低利率，从1990年7月到1992年9月间连续降息17次，将短期利率从8%降到3%。期间，美国政府还发动海湾战争来刺激经济，但短时间依然难以摆脱衰退。受到经济形势和行业发展的整体影响，美国的咨询公司的经营进入低潮期，市场需求不断萎缩。而另一方面，商学院毕业生的数量却在增长。以沈南鹏了解到的信息，耶鲁当年毕业的同专业学生数量在200多人，斯坦福有400多人，而哈佛商学院更是多达700余人，这还只是名校的情况，如果再加上其他商学院毕业生，竞争激烈程度就可想而知了。

"进咨询公司，我的优势是什么？"这个问题始终萦绕在沈南鹏心头。最终他得出答案，"没有"。这两个字虽然残酷，但却是现实。

沈南鹏复杂的性格底色中，既有鲜红的追逐欲，更有近乎雪白的冷静感。那种白是去除了主观愿望的白，是严谨追寻事物本源的白。这种色彩能反射商业体系里所有的光，具备呈现世界本质的能力。

沈南鹏用这种白色视角，第一个看待的就是自己。尽管他始终是同龄人中的优秀者，但他早就知道"天外有天人外有人"的道理，从未迷失在荣誉光环里。他一针见血地看清，在咨询领域，自己没办法和美国人比。

美国人从小就生长在地球上最发达的商业世界里。普通的美国人或许考试成绩比不过中国人，但却有着丰富的实践经验。他们十几岁就在父母影响下接触股票，二十岁出头就能在车库里开公司。换而言之，他们不会被动提高学历，再到市场接受大企业招募，而是齐头并进，在考试升学的同时，也大踏步地走向个人能力特长的变现目标。事实上，很多优秀的美国企业家、投资家，根本就没有系统学习过商业，更别说进耶鲁读 MBA，但创造了"专业人士"们根本不敢想象的事业。

数百年美国商业文化带来的熏陶，恰恰是当时的沈南鹏所缺乏的。他成长在典型的东方文化环境下，从小到大，他喜欢读书、做题、擅长考试、竞赛，担任学生会主席和留美经历，帮助他积累了相当的社会实践经验，但这些与入职咨询公司所需的成熟商务经验相比，还是稍显逊色。

更何况，由于经济形势不佳，不少商务咨询公司还缺乏客户来源，在招聘中往往暗示求职者最好拥有对应的社会关系资源，这无疑又是沈南鹏面前另一道难以逾越的门槛。

这条路走不通，沈南鹏转而想到了投行。这方面，他有明显的优势，那就是扎实的数理基础。他对数量关系的逻辑分析能力不仅超出常人，也比一般商学院的毕业生高出一大截。而投资银行和咨询公司不同，好的投行即便在经济不景气时也不会缺少客户，因为总会有企业想方设法上市圈钱，因此投行对数据分析和判断的精准性更为看重，对数学专业人才的需求也更为迫切。

准确定位自身，让沈南鹏下定了决心，即便面临就业寒冬，也要明确目标：进入投行。

沈南鹏告诫自己，这固然是为了将来的发展，更是为了眼下的生存。

是辜负求学十余载的师长期望，还是埋没聪明才智？是能在遥远的异国他乡闯出一片天地，还是灰头土脸地顶着海归光环黯然归国？是能为自己和雍景欣创造美好的未来，还是让爱情因为面包的匮乏而陷入未知？面对生活和事业的崭新课题，沈南鹏寻求着解答的方式。尽管未来他将成为最出色的投资家，但此时的心境，和每个初出茅庐的毕业生无异。

在花旗银行"做题目"

进投行是沈南鹏设定的目标，它只是比咨询公司更合适，而远非更简单。主导美国投资业界的大多是欧美精英，只有少数基层员工是亚裔，投行并不习惯为团队引进中国人。

沈南鹏想进投行，面对的困难不仅是上述文化差异，更关键的是国家差距。

此时，中国企业尚未大规模走出国门，更不会赴美上市，美国投行根本没有动力招聘一个中国人，无论他是不是耶鲁毕业，是不是学业优秀，是不是渴盼进步。绝大多数美国人都不会想到，日后会有许多中国企业蜂拥而至，抢着排队想要在华尔街上市。沈南鹏很可能也未想到这些。毕竟，当他进入耶鲁商学院时，连《华尔街日报》都未曾读过，这对一般从商的美国人而言是不可想象的。

在投资世界，所有表面谦恭的逻辑，终会凝练为心照不宣的共识，于无形中构筑行业规则。沈南鹏面对的规则就是：既然你的国家没有我的客户，我为什么需要你？

外部环境和主观不足，犹如沈南鹏从未见过的高山，横亘在他的理想征途上。他一口气找了十几家投行公司，打电话、递交简历，甚至直接求见人事部门主管，却屡遭拒绝。

有生以来，沈南鹏第一次真正品尝到挫折和失败的味道。今天，当他偶尔向人们谈起这段往事，只有云淡风轻寥寥数语，我们已无从追溯他具体的心境。但显而易见的是，对于始终处于"努力—竞争—荣誉—再努力"这一正向循环中的年轻人而言，突然被社会狠狠地朝面庞上揍了一拳，这绝非什么愉快的体验。我们甚至只需靠想象就能体验到，他和那些高傲的白种人主管道别后离开面试间时，心头涌起的阴郁情绪。这种阴郁情绪，在当今互联网的语境下，被一个字精准捕捉——"丧"。

谁不曾"丧"过？但沈南鹏的"丧"是短时间的垂头丧气，而不是丧失目标。在女友、朋友和师长的关心安慰下，他一次次重整旗鼓，向着入职投行的目标奋进。

除此之外，沈南鹏别无选择。他用天赋塑造了理想的蓝图，若这天赋无法引领他实现理想，那就注定一文不值。

面试多了，沈南鹏有了经验。他在每次投简历、电话联系、上门初试、面试复试的历练中，逐渐认清了自己的不足。在一次次预演中，建立起自己的应对风格。也正是此时，他的洞察能力获得密集锻炼，水平迅速提升。借助洞察力，他迅速看透自己和市场的关系。基于洞察，他明白如何应对和管理风险。在外人看来，这只是一个商学院毕业生的求职之路，但短短两个月内所发生的事情，却成为沈南鹏日后的投资思维体系的奠基之石。

功夫不负有心人，在一次次试错后，沈南鹏终于迎来最重要的机会。

花旗银行是华尔街的"百年老店"。从 1812 年成立以来，它始终坐落在纽约派克大道 399 号，经历两个世纪的风云变化，成为全球最老牌的商业银行之一。此时，花旗银行俨然是全球最大的金融服务机构，为超过上百个国家的企业、政府、机构、消费者提供各类金融投资产品服务，其中既有普通消费者的银行信贷业务，也有企业的投融资业务，还有保险、证券经纪业务和资产管理服务。

在沈南鹏的面试申请清单上，花旗银行是最重要的一批。他很清楚，花旗银行的业务范畴几乎是同类投资银行中最全的，而且实力最雄厚，堪称全球收入最靠前、财务状况最稳定的金融投资集团。

因此，沈南鹏将花旗银行放在了申请计划的后期，这个安排能让他带着充足的经验，去面对严苛的挑选。

从招聘程序上看，花旗银行和其他投行并无多大差别。首先是对求职者的简历进行筛选，选择那些最符合要求的应聘者。随后进行笔试，重点是考察求职者的业务知识、语言能力。当求职者通过笔试后，才有机会进入面试环节。

面试初试由银行人力资源部门主持，随后再由不同的招聘部门对应参与，进行不同轮次的复试。如果情况需要，面试总共会进行五六个轮次之多，直到甄选出最合适的求职者。

如此严格的招聘程序，彰显出花旗银行对人才资源的重视。不过，花旗作为一家大公司，倒并不会过分看重校园毕业生的工作经验。凭借其雄厚的实力，花旗并不青睐那些即刻便能胜任的新员工，也就无需像二三流投行那样，经常从一线投行"挖人"。相对而言，花旗这样的大企业更注重应聘者的潜力，在其他硬件条件相等的情况下，他们更关注应聘者的价值观和思维潜力，并借助面试来判断应聘者的成长方向是否适合大型投行的发展。

沈南鹏早已做好准备，他轻松通过了笔试，又凭借着出色的沟通能力，通过了人力资源部面试初试。由于他申请的职位是投资部，接下来他将面临该部门领导的直接面试。

负责面试的领导是个面无表情的中年人。他是斯坦福大学数学系博士毕业，曾经在那里担任统计学教授，在花旗投资部属于响当当的业务牛人。据说，除非能在智商上获得他的认可，否则他很难打交道。

当然，有机会面对这个博士的，也并非等闲之辈。和沈南鹏一起参加投资部面试的只剩下两个人，一位来自日本，另一位就是美国人，都是名牌商学院毕业。

面试开始了，简单寒暄后，博士给沈南鹏递过来一张 A4 纸，上面只有寥寥数语：

"一家博彩公司计划邀请你在当季美国职业篮球联盟的每场比赛中下注猜赢家，猜中了赌本翻一倍，猜错了血本无归。如果赌博公司要求你在总决赛时仍然留有 1000 美元赌本，那么当季的首轮比赛你应该下注多少？"

在美国，职业篮球大联盟是颇受欢迎的赛事项目，而博彩公司的参与则能将气氛进一步炒热。因此，题目本身看起来非常生活化，但仔细分析就会发现其复杂性。美国职业篮球大联盟共有 30 支球队，分为东西部两大赛区，每年总共有 82 场常规比赛。常规赛后还有三轮季后赛，采取七局四胜的规则，同样分为东西部两大赛区。最终，由东西部赛区各自的胜者，参与总决赛，决出当季联盟冠军。

除了充分了解这些信息外，解题者还要搞清楚赔率的数学属性。表面上看，赔率是投注者猜对比赛结果后所获彩金，但其实质是博彩公司对比赛结果概率的解读。简单而言，赔率可以理解为概率的倒数，如果概率上升，赔率就会下降，反之亦然。

解答这道题，对沈南鹏的数学水平而言不算太难。他迅速调动了自己的日常生活信息，建立了推算概率的数学模型，在短短十余分钟后给出了结果。

博士接过他的答案，扫了两眼，点点头，嘴角动了动，似乎这就算是满意的笑容。

后来，沈南鹏才意识到，这道题目并非博士随意而为。作为亚裔，想要在美国金融界工作下去，必须先融入美国主流文化圈子，深谙美国的社会习惯、集体意识、认同客户的思维方式、价值体系，还要去了解最普通老百姓的衣食住行、风土人情。如果是两耳不闻窗外事的书呆子，就不可能在花旗创造出长期价值。

"那么，我们开始第二题。"博士的镜片闪了闪光，递过来另一张纸。

这张薄薄的纸，是沈南鹏命运中的厚重大门。大门外，是初出茅庐的商学院毕业生，大门内，是赫赫有名的花旗银行，是浩瀚的金融战场。

他能否越过大门呢？

跳槽，让优势叠加

沈南鹏定睛细看，第二题是这样的：

"有人在菜场做生意。第一次，他用 8 美元买了一只鸡，9 美元卖掉了。第二次，他用 10 美元买了同样的鸡，11 美元又卖掉了。那么请问他到底是亏了还是赚了？如果亏了，应该是亏多少？如果赚了，又赚多少？"

比起上一道题，这道题看起来简单得多，只需要小学低年级数学知识就能解答。沈南鹏顿时明白，出题人是数学博士，可他考的不是数学。

沈南鹏想得没错，这道题考察投资者心态，它没有标准答案。

这一天，先后参加面试的美国人和日本人，面对博士递来的纸，给出了不同答案。

美国人认为，同样一只鸡，这个人每次买进卖出都能赚 1 美元，他总共操作了两次，所以赚了 2 美元。

日本人认为，同样一只鸡，此人若在 8 元时买两只，在 9 元和 11 元的价位分别卖掉，总共能赚 4 美元。但他现在只赚了 2 美元，所以他亏了 2 美元。

但沈南鹏的答案尤其不同。他认为，同样一只鸡，此人若在 8 元时买两只，全都 11 元卖掉，总共能赚 6 美元。因此，他亏了 4 美元。

数学上看，当然是美国人最精确地算出了现实利润，他没错。然而，这个答案并未考虑出题者的身份。

沈南鹏是这样想的：出题者并非小学数学教师，而是堂堂花旗银行投资部的大佬。投资部需要客户，但客户为什么会需要投资部？自然是希望投资收益最大化。那么，在计算盈亏时，投资部的出发点就不是纸面规则，而是客户实际需求。

果然，当沈南鹏将这个答案交给博士时，他原本毫无表情的脸上终于浮现了笑容。多年来，他见到很多学习成绩优异、口才过人、充满自信的年轻人，但很少有人能直接转换角色，在尚未入职时，就设身处地为客户考虑。何况，这还是他在花旗很少遇见的中国人。

这次面试后不久，沈南鹏就收到花旗银行的 OFFER，顺利入职。他终于没有辜负被之前十几家银行拒绝得来的经验，在花旗银行华尔街分行投资部开始了职业生涯。

走出正确的第一步，对年轻人非常重要。无论是之前转化学业、追求爱情，还是现在构筑事业基础，沈南鹏都深谙集中力量、目标清晰、直奔主题、避免弯路的道理。为此，他能不断投入时间和精力，在试错中强化优势、规避劣势。这是他作为一名成功求职者积累的经验，也是他未来创业和投资路上不可或缺的基本素质。

在短暂的兴奋和喜悦后，他开始梦想如何在花旗能充分发挥自己的数学特长，成为这里最优秀的投资人。

投资部职位确实适合沈南鹏，它固然需要沟通和营销能力，但这一切都必须基于理性思考和冷静分析。从世界的角度看银行全都是钞票，而从银行的角度看世界则全都是数字，在这里，整个社会经济的运行，大到庞大企业，小到个人家庭，无论外表如何，本质都是由一串串数字堆积、架构和交换而组成的。在投资部和数字打交道，普通的运算和分析能力远远不够，从业者必须会使用数学思维来重新定义商业、定义社会，甚至定义哲学。

沈南鹏正是这样的人。他在哥伦比亚大学学习数学的时间不长，但自幼接受的数学思维训练激活与涵养了他的天才潜质，而在商学院的学习以及各类公共活动，又让他懂得如何从商业与社会层面来运用这份潜质。

然而，大企业的进步阶梯上永远挤满了优秀者，沈南鹏很快发现，自己需要从最基层做起。实习期结束后，领导将他分配到普通投资组，负责关注拉美证券和衍生产品。这个业务和欧美等发达国家金融市场没有太多联系，沈南鹏还只负责其中最基础的分析工作。

但沈南鹏并未因此抱怨。他知道，自己缺的是商业实践，而实践必须从工作中来。尽管拉美证券谈不上是热点业务，但各类投资基金、债券等金融交易工具，对他而言都是崭新的实际研究课题。在这里的工作，让他开始触及"投资"规律的核心边界，能拥有如此一方小小舞台来丰富经验、形成理念，让他倍感珍惜。

后来，沈南鹏总结说："在美国，你得面对现实。一个中国人在那里，（要思考）何种生存之道最好，可能就变成了我的生存之道，所以我进了华尔街。"他又说："进去以后，我发现我还蛮喜欢的，竞争非常激烈、节奏很快，需要动脑子，需要有一点点的创造力，让人能够不断学到东西，而且不断地激发好奇心。"

沈南鹏只说出了华尔街让他喜欢的那一面，但没有说出华尔街另一面的残酷现实。在这里，普通人没有什么背景可依靠，没有什么情商可运用，更没有什么办公室政治来给你牵线搭桥，一切升迁和奖励，都是以业绩说话的。尤其在花旗银行这样历史悠久的金融机构内，想受到上司重视，就要付出超越他人的艰辛。

沈南鹏后来将会掌管3000亿元人民币，但现在必须先证明自己的价值。从进入花旗的第一天开始，直到离开这里，他没有一天是晚上七点钟以前下班，他需花费大量时间和精力全方位了解美洲经济、文化和社会，研究那些拉美小国政府的经济政策如何造成金融市场的波动，这些波动呈现何种规律，又如何影响美国投资者的信心和决策。在研究过程中，他还要运用数学专业知识，建立各式各样的数学模型，再从中找到最精准的那种，用于对未来市场变动的预测。所有的预测结果，又要在第二天晚上继续加以比对，从而调整模型结构……

对如此繁重的加班加点，沈南鹏丝毫没有厌倦，而是觉得这和当初努力复习备考的程度差不多，作用却更加现实。正如他很多年后总结的那样直白："为什么要读商学院？主要还是为了生存。"

沈南鹏想要在美国生存下去，无法指望别的技能，他唯一的机会就是抓住花旗银行这根保险绳，将它紧紧捆在身上，直到自己学会飞翔。

彼时，在华尔街工作的有十几个中国毕业生，沈南鹏有时会和他们聚餐沟通，畅谈未来。他说："我进花旗银行，肯定不等于进职业保险箱，我连这样的想法都不应该有。"对这一点，大家都表示赞同和钦佩。

沈南鹏的辛苦没有白费，在两年时间内，他在投资部的工作职位有了一定的上升，从最开始负责关注拉美金融市场，到后来参与整个新兴市场产品调研分析，并为美国本土基金客户根据市场推荐新的投资方案。渐渐地，分行注意到他的人越来越多，很多老外都知道有个中国年轻人，在投资部干得不错。

如果没有后来的历史变迁，沈南鹏很可能会每天穿上职业标志性的风衣，行色匆匆地穿过华尔街，像所有同事那样每天中午随便嚼个三明治，再来一杯双份咖啡。他将如此日复一日地被美国化，挣钱结婚，生儿育女。也许，他会在那个时空，买一栋带小花园的独栋别墅，在休假日开车带上全家去海滩度假。他将一天天成熟而走向衰老，逐步融入美国，唯独在午夜梦回时，看见海宁的那场钱塘江大潮。

那样的话，纽约将多一个优秀的华裔美国人，而中国将少一位杰出的投资领军者。

然而，时代的潮流马上就会呼啸而至，打断他留在美国的平凡梦想，并迅疾地塞来宝贵的跳槽机会。这转折突如其来，让他本人也猝不及防。

从雷曼回到祖国

在花旗银行，沈南鹏拥有了初入职场者想要的一切：大平台、高标准、强团队，他也没有辜负这些，不断地提升自己的业绩。然而，他担心的瓶颈还是出现了，那就是自己在美国的社会关系。

投行向来强调"社会信用"和"人际关系背书"。历史上，能在华尔街城头上竖起投行旗帜的，均为家族式企业，大名鼎鼎的摩根家族就是其中典型，他们通过广泛的人脉和深厚的社会关系，成功地在金融界建立了自己的地位。发展至今，投行虽然在组织架构上进化为现代企业，但内里运作逻辑还是离不开人与人、家族与家族之间的信任关系和利益交换。在这里，一笔价值上亿美元的投资，最终敲定场合很可能并非洽谈会，而是在某个财阀精心组织的庄园夜宴上。一次郑重其事的企业上市计划，最终敲定的地点，可能并非会议室，而是某个国会议员的私人俱乐部。一次让市场积极响应的债券发行项目，真正担任投行营销代表的人，也很可能并非投行职员，而是某个州的州长亲信……投行犹如寒冬里的北大西洋，所有的潜规则都如同海面下的冰山，普通人难窥全貌。除了政府机构外，如果有谁抗拒这些规则，很可能遭受重创乃至一败涂地。

沈南鹏越是认清华尔街的现实，就越是担心自己的未来。过去，他曾经在上海听说过美国的诸般优势，在描述者口中，似乎这里的月亮都格外圆、空气都分外香甜，言之凿凿的便是"西方人讲究真才实学，不搞关系"。直到浸润在华尔街，沈南鹏才对这些美好想象报以苦笑。他知道，不是西方人不搞关系，而是要看你有没有到玩关系的层级。

沈南鹏的困扰由此萌发，他只是 25 岁的中国年轻人，每天埋头苦干业务，没有多少社交时间。在华尔街，除了十来个同龄中国毕业生，他的圈子可谓相当窄小。尽管同事和上司比较欣赏他，但这一切只限于工作场合。下班后，德裔圈子泡啤酒吧，墨西哥圈子玩音乐，印度圈子打板球，却都和他形同路人。其实，上下班界限分明，本来就是华尔街乃至全美职场的特征。在这个多元种族移民国家中，口音、肤色、文化这些烙印，几乎无处不发挥着难以名状的影响力，每个人都不能公开说出来，但每个人都身处其中而无法摆脱。

这种环境，逐渐让沈南鹏感到惶恐。他越是学习，越是明白投行需要个人英雄主义，想打开市场，往往需要个人的积累。尤其当他看到同事去华盛顿找美国政府财政部的同学关系，而自己却根本没有这样现成的关系时，更是感到沮丧。当然，他知道人脉的积累与年龄增长呈正相关，需要随着时间推移逐步拓展，但自己在美国究竟还要积累多少年，才能迈向卓越与杰出？

困惑中，祖国传来了好消息。随着 90 年代社会主义市场经济体制在我国的确立，经济发展迅速加快，一批壮大的中国企业开始寻求在海外投融资甚至上市。1992 年 10 月，华晨中国汽车控股有限公司（股票代码 CBA）在纽交所成功上市，发行 500 万股普通股，每股价格 16 美元。这一事件顿时惊醒了华尔街，原本从不重视中国的投资银行家，纷纷把目光投向遥远的中国。

沈南鹏自然也感受到了气温的变化。由于"中国热"兴起，一家接一家的投资银行进入中国，千方百计想要和国内企业搭上线。曾几何时，中国人在美国投行找工作都有困难，而现在却变成了企业竞相争抢的香饽饽。

1993 年 11 月，成立满三年的深圳证券交易所代表团访问华尔街。在华尔街投行精英们组织的小型聚会上，沈南鹏认识了深交所总经理夏斌。夏斌介绍了当时正如火如荼的国内证券市场发展情景，这让沈南鹏倍感提神醒脑。提神在于祖国的资本市场有了如此改观，呈现出勃勃生机，醒脑在于自己并不一定非要困守在异国他乡，和老外们纠缠下去，为什么不能想办法回到那方热土塑造自己的辉煌？

在花旗，沈南鹏也经历了从被轻视到受重视的态度转变。此前很多次，他都和公司高层在电梯里相遇，老外们对他并没有特别注意，他也习以为常。而到了 1994 年，居然有一次连分行的董事长都主动在电梯和他打招呼，并热情地请他先进电梯，还问他来自中国哪里，背景如何。沈南鹏觉得，这世道可真是要变了。

大风起于青萍之末。沈南鹏隐约觉察到了正在发生的变化。数百年来，金融帝国的广袤疆域如同世界的深层血脉，默默支撑着全球经济的繁荣与发展，其核心犹如一条无形的纽带，从伦敦延伸至纽约，再辐射至欧洲大陆与遥远的日本。而现在，新的金融曙光正在祖国大地上冉冉升起，自己又怎能错过这伟大的时代？更何况，自己这种具有上海背景的耶鲁 MBA，再加上有过两三年投资银行的工作经验，正是祖国无数企业亟须的人才。

这一年，沈南鹏辞去了花旗银行的职位。在他的桌上，已经放着好几家投行的邀请函，他有着充分的选择去跳槽，沈南鹏并没有花费太多时间就做出决定，他成为美国雷曼兄弟公司中国区项目的执行专家，工作地为香港。

选择雷曼兄弟公司，说明沈南鹏此时还并没有做好准备真正脱离华尔街。在美国金融界，雷曼兄弟公司的历史底蕴也相当厚重，这家 1850 年创立的全球性投资银行，为全球公司、机构、政府和投资者的金融需求提供服务，尤其擅长股票和债券承销业务。

与此同时，此时的雷曼兄弟公司对中国市场非常看重。1993 年，他们在北京的办事处开业，随后为中国建设银行承销债券，开创了我国企业海外债券私募发行的先河。不久后，又为我国财政部承销发行海外首笔美元龙债。1994 年，雷曼兄弟公司受聘为我国华能国际电力在纽约股票上市的主承销商，经办了我国企业在海外的首笔大额融资，其规模达到 6.25 亿美元。

雷曼兄弟对我国市场的出手之快，动作之准，让沈南鹏很感兴趣。他相信，自己将在这里发挥更大的价值。而作为一家老牌的跨国投行，雷曼更清楚要重用本地人才的道理，与其空降一个指手画脚的美国职员，去面对其毫不了解的东方国度，还不如委任和发展生于斯、长于斯的中国本土人才，为下一步市场拓展贡献力量。

事情就像双方预想的那样，沈南鹏几乎不需要磨合，就融入了雷曼兄弟的中国市场业务。在香港，他为公司做出了很多业绩，对这座城市也产生了浓厚的感情。这座城市是真正的国际金融商贸中心，跻身于世界大都会之列，这里东西方文化交融、生产力发达、创新动力似乎无穷无尽，这里的居民勤奋而顽强，普遍有较高的教育程度，并富有冒险和创业精神。

直到事业做大后，沈南鹏依然持续看好香港，他不仅在后来办理了香港居民身份，还在这里进行了大量投资。

但到 1996 年，沈南鹏却要和香港短暂告别，因为他即将开启职业生涯的新阶段。

初出茅庐，"拯救"外高桥

如果说花旗是沈南鹏职业初期的舞台，那么雷曼兄弟就是他通往祖国的桥梁。他在香港努力奋斗的两年里，为雷曼兄弟创造了一个又一个辉煌业绩。这家后来在金融风暴中破产的公司，当时却犹如一双有力的臂膀，将沈南鹏托举到香港——这座中国改革开放的前沿窗口，让他得以洞见未来。他确信在 21 世纪的世界金融版图里，中国将占据难以取代的重要地位。

没有人想错过见证这一切的机会，何况是沈南鹏？ 27 岁的他，一夜间成为各省市政府的座上宾。他不断穿行在长三角、珠三角地区，积极牵线搭桥，帮助国企顺利完成收购、兼并或上市。在这种密集的社交轰炸中，沈南鹏迅速脱去了身上的华尔街味道，有更多时间潜心研究国内的政商规则。日后他回忆这段经历说："我原来不太懂中国的商业环境，到了 1999 年，我已经比较'土鳖'了。"

但在雷曼，他的这些变化却无法换来更高的位置。和许多大型外企一样，这里的晋升体系复杂繁琐，宛如一座层层叠加的迷宫，即便是普通文员的提拔，也需要经过助理、主管、部长、经理、总监等层层审批流程，中间只要有任何环节出现问题，就得推倒从头再来。

别人等得起，沈南鹏等不起。日后为了成功，他将会表现出超越常人的耐心，但现在他想要拿到的不是成功，而是尽快进场见证历史的门票。为了这张门票，他选择再次跳槽。

1996 年，经过汉华银行的简短过渡，沈南鹏将眼光投向欧洲。他加入了德意志银行。

到 90 年代中期，在华尔街的带领下，众多国际投资银行纷纷跟进，积极开发中国市场的大蛋糕。沈南鹏这样的人才，已经不只受到美国企业欢迎，更受到欧洲投行的青睐。他很快加入了德意志银行投资银行部，即摩根建富银行，担任其全球资本市场的中国部主管。

在金融竞技场上，德意志银行属于欧洲大陆的实力代表。它是德国最大的银行，也是世界上最主要的金融机构之一，总部设在莱茵河畔的法兰克福。当时，德意志银行集团的员工总数已经超过七万余人，其客户超过 800 万，包括来自世界各国的政府、银行、商业机构和个人投资者。

沈南鹏不仅看重德意志银行的规模，更认可其和中国市场的渊源，这也是他选择加盟的重要原因。早在 1872 年，这家银行就在上海设立了分行，主要为德国和中国之间的进出口业务提供融资。到 1981 年，德意志银行成为第一家在北京设立代表处的德国银行。1993 年，该行又在广州成立代表处，不久升级为分行。1995 年，接着在上海开设了代表处。德意志银行不甘落后的姿态，使其在我国市场上的业务迅速发展，积极参与到我国改革开放和市场经济建设浪潮中，参与了不少重大项目。

沈南鹏对这些融资项目进行了深入了解，借此判断德意志银行的在华业务水平。其中包括为宝山钢铁提供的长期出口信贷项目，为中国银行在国际资本市场发行债券项目，为中国国际信贷在欧洲融资 1.5亿美元项目，为中国石油化工总公司寻求 1.5 亿美元银行贷款，利用杠杆租赁为中国民航提供价值 3 亿美元的 5 架民航客机，等等。

通过研究，沈南鹏发现德意志银行在中国的业务不断增长，步子迈得很快。他相信，这样的企业在人才使用上不会有那么多烦琐程序。就这样，他迅速加盟了该行，并凭借往资历成为中国部的负责人。

沈南鹏终于从"小兵"成为"诸侯"，尽管对德意志银行而言，此时的中国市场不过是刚开拓的边缘疆土，但这对沈南鹏却意义非凡。他终于能全力以赴地观察整个中国经济，并参与其中许多重点项目的融资和建设。在随后的三年多时间内，沈南鹏先后主导了八九家中国企业的融资项目，其中大多数都获得完美成功。即便那些不够好的案例，也让他积累了在华尔街无法获得的经验。

其中，最让沈南鹏印象深刻的是参与我国财政部债券发行项目的经历。该项目总共价值 5 亿马克，由德意志银行牵头在欧洲成功发行。发行完成后，在法兰克福的银行总部举行了一个庆祝酒会，酒会上高朋满座，觥筹交错，所有人在和沈南鹏碰杯时，都意识到他是这个项目的重要贡献者，向他表示了诚挚的祝贺。酒会进行到高潮时，主办方宣布奏响中华人民共和国国歌。沈南鹏看着那些金发碧眼的老外，聆听着义勇军进行曲的雄壮乐声，表情庄重严肃，再想到自己在海外求学、求职一路走来的艰辛和付出的努力，他不由得心潮起伏，自豪感在胸膛澎湃跃动。他第一次感到，做金融，也可以像那些奥运会上的祖国体育健儿一样，让他在外国人面前扬眉吐气，倍感自豪。

其实，沈南鹏的激动还有更深层原因。当时，不仅是德银青睐这样的项目，花旗、摩根士丹利、瑞士银行也热衷于为我国的中行、建行等大型国有银行提供债券发行服务。一开始，沈南鹏并不了解原因，从商学院学到的理论，让他不理解为何这些项目利润不高，却能让国际知名投行纷纷乐此不疲地参加。直到后来经过国内朋友的点拨他才明白，这些外企银行是希望借助类似项目，扩大自己在中国的影响力，这种影响力会远远大于短期的经济利益。

借助新的项目、新的圈子，沈南鹏在德银的工作经验越来越丰富，成功案例也越来越多。他的个人能力和职业信用，更广泛地受到业内关注。这也让沈南鹏越发投入，想要充分展现才智。他将每个项目都看成挑战和积累，从每个机会中寻求进步和突破，这也让他的事业成就突飞猛进。

此时，沈南鹏的创新手腕，已经有所展现。他用事实证明自己并不是一个甘心遵循所有默认规矩的投资人。有一件典型案例让沈南鹏始终感到骄傲，那就是对外高桥公司的建议。

当时，在上海浦东外高桥区，有一家名为外高桥保税区发展有限公司的中国企业。公司正处于创业不久的黄金发展时期，需要大量资金注入来扩大业务规模。通过前期调研了解，沈南鹏发现该公司的固定资产中，有栋外高桥大厦的固定资本额最高。但由于公司的前期生存需要资金，大厦早已抵押给其他银行，现在想要通过大厦进行二次融资已经相当困难了。

但是，如果依靠其他资产来抵押融资，所获资金似乎也无法满足公司扩大经营规模的需求。

面对进退维谷的困境，外高桥公司的高层管理人员深感焦虑，董事会内部意见纷纭，争执不休，而宝贵的时间却在悄然流逝。眼看着这家公司由于融资问题停步不前，沈南鹏也感到忧心，他彻夜阅读、分析公司的财务报表，了解整个浦东发展形势。最终，他提供给客户具有重要参考价值的融资建议。

沈南鹏认为，以该公司的现有信用，可以采取结构性融资的方式来应对现状。

所谓结构性融资，就是先将企业的股本、债券结构加以变更，再进行融资。这种融资方式包括股东融资和债券融资，前者是指引进新股东，由他们用资金换取股权。而债券融资则是让投资者成为债主，他们只获得固定收益，不分享公司股权，也不承担风险。

公司管理层豁然开朗。他们不需要再抵押大厦，而是借助德银的力量，启用信用资本，通过另一种方式获取资金。最终，在沈南鹏的策划下，外高桥公司获得了1亿美元的融资，比当初用外高桥大厦抵押所能获得的资金，足足高了一倍。

类似的事情，在沈南鹏早期投行生涯中并不少见。他的风格稳健而富有创意，总能比客户更早构思出最合适的方案，而这些方案的实际效果也屡次验证了其价值。沈南鹏后来将这段工作经历称为一种压缩过程，他说："在一家公司做财务或许需要20年才能将公司整体状况了然于心，而做投行，你只要3年就能够把握和洞悉一个企业的命脉。"

投行的经历就这样让沈南鹏跨越国界，穿行时代，迅速地从一个普通的高校毕业生成长为洞悉企业资本运行奥秘的专家。沈南鹏是幸运的，这份幸运来自时代的馈赠，更来自他年复一年的准备。

无论是花旗、雷曼，还是在德银，沈南鹏珍惜自己在投行的每一刻。但他清楚地听见时代前行的脚步，清楚地预见还有更重要的任务等待自己去完成，那就是迎接互联网浪潮的挑战，成为勇立潮头的创业者。

第三章

在线旅游崛起日

自 20 世纪 90 年代诞生以来，互联网就以惊人的几何级数速度发展，在硅谷、华尔街的推动下，它逐渐成为全球人类生活中不可割舍的部分。到 1999 年时，越来越多的国人拥有了"网民"的新身份。

毋庸置疑，沈南鹏与互联网迎面相碰，是前者的幸运，也是后者发展的必然。沈南鹏已是优秀的投资者，他渴望能投身其中。而伴随着互联网经济在这片古老而充满活力的东方大地上蓬勃发展，时代也渴盼在各行各业创造新传奇、塑造新英雄。

1999 年，天时、地利、人和齐聚。在资本洪流的推动下，信息科技发展的齿轮不断加速，带动整个社会升级迭代。沈南鹏心潮澎湃，他立志与众人共同奋斗，被这个时代铭记。

一顿晚餐吃出携程

从 1992 年毕业，沈南鹏辗转在各大投行度过 8 年时光，直到成为德意志银行亚太区总裁（董事兼中国资本市场主管）。一次次的跳槽中，他更换着职场环境，丰富着工作经验，也开阔了观察市场和理解社会的眼界。目睹了太多别人的辉煌，沈南鹏期待着找到自己的机会。

果然，机会来了。

1999 年，互联网经济进入发展加速期。我国互联网科技圈发生了诸多大事。

李彦宏从美国硅谷飞回北京，抱着用技术改变中国的想法，在中关村的一家招待所创立了百度搜索引擎。而马云则带着十来个部下黯然离开这座城市，前往杭州的湖畔花园小区，在那里草创了一家名为阿里巴巴的公司。

与此同时，深圳的马化腾被国际互联网通讯工具 ICQ 所吸引，他参考这个软件，开发出更适合中国人的即时通讯工具 OICQ，这就是后来的 QQ。由于用户太少，为了产品能进一步发展，马化腾甚至曾假扮成女用户和网友聊天。

这一年最成功的互联网人可能要算丁磊。他在两年前花了 50 万元创办网易公司，主要业务是提供 163 免费邮箱和搜索引擎，到此时，他的创业已接近成功，并因此而接受了中央电视台《焦点访谈》的采访，登上了千家万户的电视屏幕。

丁磊的对手张朝阳也毫不示弱，此前，他的搜狐公司刚获得210万美元投资，他的事业蒸蒸日上。1999年6月，搜狐广州分公司正式组建，这已经是继上海分公司之后的第二家分公司。搜狐也将于第二年在美国成功上市。

丁、张二人共同追赶的目标是新浪网。这一年2月，新浪网获得了包括高盛银行在内的海外风险投资共2500万美元，这个数字在今天看来似乎不算太多，但在当时已经创下国内互联网公司的获投资纪录。

世纪之交的这一年，无数人的梦想犹如种子被埋入泥土，期待着雨露滋润、汗水耕耘，期待着茁壮成长、开花结果。即便是寻常百姓家，也开始感到互联网的无穷魅力，始终敏锐捕捉着投资机会的沈南鹏，更是对这种新型经济模式崛起的趋势深信不疑。

信念，是无数成功者最先拥有的精神财富。在1999这个难忘的年份中，中国的许多双眼睛都见证了大洋彼岸的互联网科技企业如何掀起热潮，挟着资本的大风呼啸而上，无数中国人的内心都因这种美好前景而激荡不已，但并非每个人都能在那阵心驰神往后，抛下现有一切走上创业之路，更不是每个人都能坚持到最后。但沈南鹏拥有这样的信念。

早在1998年底，他就个人投资了一家互联网安全软件企业。那时，真正属于国内的互联网创业潮还没完全到来，但沈南鹏就像幼年时观看钱塘江潮那样，敏锐地感知到了其汹涌澎湃的力量之源。他在美国的很多同学朋友，也不断向他介绍互联网经济对整个国家和社会带来的冲击性改变，更让他相信这将是最好的创业领域。

然而，毕竟已经在投资界做了8年，花费了大量时间和精力，如果就这样离开，代价是不是太高了？沈南鹏也曾有过犹豫。但创业的梦想还是点燃了他的热情，推动着他向下一个人生阶段迅速走去。正如他后来对此时心态的描述："很难说清楚为什么，当时的确是犹豫过，毕竟已经做了 8 年，离开成本很大，但还是怀着一股激情出来创业了。现在想来，互联网的泡沫也不全是坏事。"

1999 年，沈南鹏带着自己工作以来的积蓄，踏上了寻找创业伙伴的道路。尽管尚未辞职，但他已经做好准备，同优厚的薪水、光鲜的职位说再见，同西装革履和高楼大厦说再见。在他的身前，等待着的将是一场具有划时代意义的重逢。

两人的初次相逢始于 1982 年。在全国第一届中学生计算机竞赛上，14 岁的沈南鹏代表上海二中参赛，身旁的选手名叫梁建章，小他两岁。他们早就在上海市少年宫计算机竞赛培训班里相识，经常讨论些编程问题，结下了不错的友谊。那次大赛中，梁建章一举拿下冠军，沈南鹏获得亚军。随后，两人便各奔东西。梁建章后来在复旦大学读计算机系，毕业后去了美国甲骨文公司做研发。

17 年后，他们的命运再次交汇了。

1999 年 2 月 22 日晚上，春节的假日气氛还弥漫在上海市区。窗外春寒料峭，空气中有时还会传来些许鞭炮声。沈南鹏应梁建章的邀请，来到徐家汇的一家小饭馆，认识名叫季琦的新朋友。

三人一边吃饭，一边热烈讨论最新的商业趋势。话题从美国的互联网创业浪潮，到中国的互联网经济现状，再到资本市场态度的变化，后来又聊到纳斯达克、上市这些更加长远的话题。

不知不觉，已到凌晨。桌上杯盘狼藉，却无人有倦意，反而越聊越来精神。因为话题越来越贴近现实。

梁建章笃定地说："现在，我们如果创办一家互联网公司，肯定会有很好的前景！"

沈南鹏的兴奋之情从眼镜背后透出："是的，我其实早有此意，就是没想好一个合适的切入点。"

"是啊，我们不妨考虑下，哪个行业的网站最有前途。"季琦也插入了话题。

沈南鹏拿起笔，说："大家不妨提各种可能，我记录下来，如果不对的，咱们再删掉。"

于是，大家陆陆续续提出了几十种创意。从门户网站，到电子商务网站，再到垂直行业网站。三人都在中美最顶尖的学府接受过教育熏陶，对这种头脑风暴式的集体思考方法并不陌生，他们提出了一个个创意，再按照议事规则进行质疑、分析和讨论，随后又一个个删去那些看来不靠谱的可能。

最后，大家的目光集中在纸上留存的答案：旅游网站。

季琦敲了敲纸面，说："我觉得旅游网站可以。这个行业符合整个国家经济的发展方向，而且和普通人生活密切相关，有很大可能完成线下往线上的转移。"

沈南鹏和梁建章相视一笑。早在来这里之前，他们已经有过深谈。

梁建章结合中美互联网发展态势的比较，认为国内的物流和网商支付相对薄弱，创业项目最好能绕开物流和支付体系这两大门槛，即远离零售业务。同时，三大门户网站在当时竞争激烈，更不适合做门户网站。他认为，可以向旅游市场考虑，因为这个行业成长空间广阔，也没有过多的货物流通过程。另外，梁建章还认为旅游是当时普通家庭的第三大支出，甚至还高出了汽车产品的消费支出。

沈南鹏也倾向于利用互联网对传统旅游产业进行改造。他主要从市场规模和资本运营的数据出发，得出了这个结论。当时，中国的国内旅游产业收入已达 2000 亿元，被世界旅游组织评定为 21 世纪全球最大的旅游市场。相比而言，国内旅行社的接待人数、盈利水平却不断下降，营业毛利率不到 10%，95% 的旅行者选择散客出行，而旅行社占据的市场总份额还不到 5%。在沈看来，这些数字的背后，都昭示着旅游行业有巨大的发展机会和利润空间。

梁建章提出，中国的在线旅游已经有人开始做了。1997 年，中国国际旅行社总社投资成立了华夏旅游网。另一方面，在美国，已经有旅游网站的成功先例，并且很受国际资本看好。

沈南鹏同样笃信，将美国互联网创业模式搬到中国的做法，对资本也有非常大的吸引力。从投资者角度考虑，他们并没有太多理由去怀疑这个事实：在大洋东岸的大国获得成功的互联网商业模式，也会在大洋西岸的大国获得同样成功。

现在，他们两人发现季琦的理念居然也惊人的相似，瞬间体会到了思维上的强烈"化学反应"。

这年 5 月，沈南鹏与梁建章、季琦共同出资 200 万元，创办了携程计算机有限公司。受到当时大火的门户网站"搜狐"影响，公司网站最初命名为"游狐"，后借鉴季琦的协成公司名称谐音，更名为携程网（Ctrip.com）。

从这个新的起点开始，沈南鹏将要展翅高飞。

加盟"携程四君子"

刚创立的携程计算机有限公司，位于上海徐家汇教堂南侧气象大楼17层。沈、梁、季三个人租了半层楼面，总共200平方米，还要和协成公司共用。他们招聘了二十多个员工后，公司组织初步成型。

尽管这是一家小公司，但他们对前景充满信心。沈南鹏投入资金最多，在200万元中占了60万元，是最大的个人股东。后来季琦说"沈南鹏是溢价购买了股份"。因此，沈南鹏出任董事长兼首席财务官（CFO）。梁建章担任首席执行官（CEO），季琦任总裁。

看起来，公司已经万事俱备。但有多年投资经验的沈南鹏，突然想到一件重要的事情。他皱起眉头说道："各位，我是搞投资的，季琦是做企业管理的，建章你是搞技术的。我们想做旅游网站，还缺一个人。"

梁建章点头说："我也想到了，我们得找个懂旅游行业的人加入！"

季琦思索着，半晌突然一拍手："我想到了一个很好的人选，春秋旅行社的掌门人，王正华！"

沈南鹏沉吟一会说："王总经营着旅行社，业务规模挺好的，不一定看得上我们，我觉得不太可能。"

梁建章倒是愿意试试，他急迫地说："我觉得可以去谈谈，总要试试再说。季琦，你和他关系不错，你去谈应该可以。"

　　王正华绝非等闲之辈，他是此时上海乃至华东旅游行业的领军人物。他1944年出生于上海，1981年还在长宁区遵义街道办当副书记。组织上交给他一项解决返城知青就业问题的任务，借助政策的东风，他自筹资金办了六家企业，有客运公司、货运公司、汽车修理厂、旅行社。

　　食髓知味的王正华发现，改革开放带来了无穷无尽的财富机会。他毅然辞职，抛下铁饭碗走向市场。他把六家企业中的五家留给了街道，只带走了一家，就是后来的春秋旅行社。几经风雨，王正华硬是带着这家旅行社从中旅、国旅等巨头的包围下冲出，到了90年代，春秋旅行社的门店在上海滩已有50多家，在全国设有30多家分社。

　　王正华此时已年过五旬，但他的思想却绝不落伍。早在1994年，其他旅行社门店还在用手工操作，他就投资2000万元，对所有门店进行信息化联网改造。他又引入了国外普遍的代理商模式，并改变了国内旅行社的传统模式，将水平管理变成垂直管理。这些措施大大提升了春秋旅行社的竞争力，使其迅速成为国内同行业中的大牌。

　　此后，王正华还将创立春秋航空，在其传奇人生故事上不断书写新的篇章。但当时，他拒绝了专程而来的季琦。

　　请不动王正华，在沈南鹏意料之中。随后，季琦和梁建章又接触了不少行业内高层，尽管他们人脉广泛，但谈到事情本身时，就很少有人对携程公司感兴趣了，更不用说放弃现有事业来"入伙"。

　　后来，在和旅行社洽谈业务的过程中，季琦听说了上海大陆饭店总经理的声名。他叫范敏，也是上海交大毕业，曾经营过旅行社，还曾在瑞士留学。

　　季琦瞄准了范敏，在无数次软磨硬泡后，终于打动了对方。范敏选择离职，出任携程的执行副总裁。

　　至此，"携程四君子"的传奇组合正式宣告成立。

"四君子"要做的第一件事，就是确定公司的主要业务，它可以用一句话概括，即旅游相关的电子商务。

然而，电子商务在此时的中国已并不新鲜。早在 1997 年，王峻涛将自己的网站"软件港"拆分，对其中的电子商务部进行改造，成立了珠穆朗玛峰电子商务网络服务公司，品牌名为"8848"。这家公司成立之初，就利用 72 小时网络生存实验声名大噪，其企业形象广告连续多天出现在中央电视台的黄金时间段。到 1999 年，8848 已经开始在网上销售创新公司生产的 MP3，其销量很快在半年后超过了实体代理商，这个成绩向世人宣告了互联网电子商务前景的一片光明。

同样，利用电子商务手段服务旅游业，也并不是"携程四君子"的原创。但具体结合中国的市场情况，应该做什么业务？是做 B2C 还是 B2B，是服务于旅行社，还是面向航空公司、酒店等企业，或者直接与景点合作？这些问题都没有现成答案，必须由他们做出选择。

经过无数次的方案对比与甄选，沈南鹏等人最终将业务范畴精简至以下三种模式。

第一种是竞价服务模式，用户根据自己的需求，在网站上提出地点、类型、时间、价格、住宿等条件，最先接受条件的就是成功竞价者。例如，一家三口想在 4 月份去西安度假，指定住宿价格是每天 200—300 元之间，要求是位于碑林区的 3 星级酒店，随后，网站就会向当地所有注册的酒店推送这些要求，一旦酒店接受，即视为成交。

第二种是信息服务模式。在这方面，Lonely Planet（lonelyplanet. com）是成功的典范，它负责提供世界各地的旅游信息指南，网站上汇集了免费的旅游信息供用户搜寻查阅。

第三种是综合服务模式。他们可以搭建综合性旅游服务网站，和全国乃至全世界的相关行业合作，用户可以利用网站系统来预订车票、机票、酒店、租车等。这种模式也有了成功先例，包括 travelcity.com

和 expedia.com。

大家对这三种模式进一步比较认为，竞价模式肯定不行，因为这不符合中国人的消费习惯和交易思维。至于第二、第三种模式则是可以考虑"搬运"的。

究竟选哪一种呢？"四君子"讨论商定，鉴于当前互联网商业模式的多样性，携程网站应提供全方位的服务，确保用户能够轻松找到所需内容，并在此基础上不断挖掘和提供最具价值的服务。这样，才能尽可能避免失去市场机会。

就这样，"四君子"迅速开始了分工合作。范敏负责旅游行业，沈南鹏凭借丰富的资本运作经验，负责企业的宏观发展战略，同时也兼顾管理。梁建章曾是甲骨文公司的中国技术总监，在计算机技术的专业性上可谓一时无二。季琦则对创业过程有着丰富经验，尤其对市场营销、企业管理和业务落地有独特见解。

根据个人特点，季琦接下了草创公司基业的重任。他认为，可以先由自己把公司盘活起来，占有一定市场。再由梁建章来对网站系统进行技术创新，范敏则同时对产品和服务进行管理，沈南鹏则除了对财务负责外，最后要接下第四棒，负责企业的上市融资。

这样的分工安排自然有其道理。尽管团队很优秀，每个人在原来的工作经历中都拿到过荣誉，但互联网创业毕竟是一个全新的挑战，任何微小的失误都很可能带来不可挽回的后果。因此，他们只能每个人负责创业的部分阶段，采用这种接力的方式，小心翼翼地守护携程这个新生企业培育壮大。正是在这段征程中，沈南鹏完成了从投行精英向创业者角色的嬗变，也为日后成为投资教父奠定了重要基础。

回首过往，人们蓦然发现，确实有必要了解陪伴他共同走过这段路的那些人。

季琦，协成终见携程

关于携程故事的诸多版本里，季琦都是当仁不让的主角，这并不奇怪。事实上，无论后来"四君子"发生了什么，沈南鹏能拥有如此成功的创业初始，都和他有着密不可分的关系。

1966 年，季琦出生在江苏南通的一个贫苦农家，父母对他的最大希望是读完初中，如果能考上高中简直就是惊喜，更别指望考上大学了。但季琦怀揣着更大的梦想。初中时的一次经历让他刻骨铭心：在风雪交加的中午，他整整步行一小时赶回家，但家人说，今天中午的饭不够，忘记留饭了。于是他又饿着肚子走回学校。路上，季琦流下眼泪，发誓要好好读书，改变自己和家庭的命运。

1985 年，发奋苦读的季琦以全县第二名的成绩，顺利被上海交通大学录取。母亲探询着："琦儿，念了交通大学，是不是以后交通就不要钱了？"季琦也不清楚，只好含糊敷衍过去。等填志愿时，季琦想要报计算机、自动化这些专业，班主任却建议他报"能靠建筑赚钱"的工程力学系。

等季琦真正坐到大学课堂上，才搞清楚工程力学在这里是入学分数线相对较低的专业，自动化和计算机才是高分考生的优选。更重要的是，工程力学不是赚钱的捷径，而是计算潜艇受力、导弹起飞这些复杂问题的学科。

在失望中，季琦度过了大学四年。1989 年毕业后，他很难留在上海，只好回家在南通第二设计院谋了个工作。就在上班第一年，他忽然顿悟，自己没有留在大城市，这个大学读得岂不是"浪费"？他转身回到交大，考上了机械工程系的机器人专业硕士研究生。

这次决定的重要性，堪比沈南鹏进入耶鲁商学院。随着改革开放的持续，计算机热迅速升温。季琦也开了一家校园公司，专门从事电脑销售、组装和维修业务。刚开始，他连电脑开机都不会，但凭着倔强的学习精神，他很快将硬件和软件分得一清二楚，甚至连当时很稀罕的组网技术也掌握了。他的生意越来越好，半年不到，他就存了几万元，成为校园里的知名"有钱人"。

1992 年 3 月，季琦硕士毕业，他带着从商经验，一路过关斩将，眼看就能入职日化巨头宝洁公司中国总部，但宝洁告诉他，必须将户口迁往广东南海。季琦不甘心放弃上海户口，于是随便找了一家叫作上海计算机服务公司的国企。这家企业看似貌不惊人，但实则背景强大，母公司是长江计算机集团公司。

季琦原本打算"混几天就走人"，但公司却给了他展现才华的机会。就在季琦入职不久，母公司进行改革，要求下属公司全部实现自负盈亏。消息传来，不少员工选择调离或跳槽，只剩下十来个人，在会议室面面相觑。

季琦暗自好笑。他想，我念书时，靠一辆自行车都能卖电脑。有这样的公司，还靠卖电脑？

他站了起来："既然如此，我觉得还是依靠技术力量，做一些大项目，不要只是卖电脑。"

公司领导抓住了这根救命稻草，当场授予他大项目经理的职位。季琦这个光杆司令带着初生牛犊的勇气，踏上了寻找项目之旅。他想，现在最火的是证券市场，很多外地的证券公司来上海设立门市部，他们都得组装电脑、布置网络。

当时，证监会尚未成立，上海证券交易所有很大管理权。所有进入上海的证券公司，都要通过其准许。但上交所的电脑业务都是和 IBM、惠普这些国际企业开展，谁也不会认识季琦这样的年轻人。季琦却偏不信邪，他四处打听，足足找了一个月，终于找到一位在上交所工作的交大校友，在其介绍下，成功地开拓了证券市场。随后，交通银行总行、上海市人大等重要单位，都成了季琦的客户，他甚至还拿到了甲骨文公司的代理权。一时间，季琦个人就解决了整个公司 80% 的营业额，足足达到数百万元。他也顺理成章地成为公司二把手。

做到这一步，季琦在这家公司已经看不到前途了。想要再升成一把手，需要他有很强的背景加上复杂的操作，但季琦并非会对顶头上司下手的人。更何况公司对他很好，高薪、分房，还配了司机。

按理说，季琦连辞职都很难，但他提供了充分的理由——妻子在美国。1994 年 9 月，季琦带着 1 万美元来到美国。在甲骨文公司总部，他人生第一次接触到互联网。尽管网速很慢，连一张蒙娜丽莎的图片都整整刷了几分钟才显示在屏幕上。但季琦还是惊呆了，他模糊地意识到人类正在开启新的信息传输时代，这种技术未来将会更新换代，直到与每个人的生活密切相关。

季琦很想立刻融入互联网新时代，但不久后他就承认自己的缺陷。他没有钱，他的毕业证书在这里也没多少价值。虽然他在一家台资企业里工作得不错，但他还是在 1995 年选择了和沈南鹏同样的道路，选择回归祖国。

回归初始，他为北京的中化英华智能系统有限公司工作，担任公司的华东区总经理，主要开展智能大楼业务。季琦全身心扑在岗位上，从 1995 年底到 1997 年下半年，他将公司拨款的 10 万元启动资金，变成了 3000 多万元的合同额。但没想到，中化英华的母公司准备进军医药，要将这家公司卖掉，原有的业务规模自然也不再维持。

季琦非常失望。他到处找钱，想要自己收购，甚至还拉来了著名的风投公司美国国际数据集团（International Data Group，IDG）。但他想买，母公司却并不准备卖。季琦这才清楚，做生意不是只靠营销、市场，更是看谁手中的资本厉害。这让他在未来的携程创业中，非常重视沈南鹏的力量。

1997年9月，季琦痛定思痛，创办了一家经营智能大楼业务的公司，取名协成。协成非但没有从中化英华带走任何客户和业务，反而在光明正大的市场竞争中茁壮成长。有一次，协成参加了徐家汇华仑大厦的综合布线项目招标，同时竞标者也有中化英华。在专家评审中，协成靠实力赢得了项目，赚到了宝贵的30万元。此外，季琦做人义气，当年在为证券公司服务时，经常会提供合同以外的个人帮忙，比如解决硬件不兼容的小问题，或者帮着客户装个新软件等。结果，这些不经意间下的人际关系，也都成为他此时拓展业务的重要渠道。

到这年年底，上海协成科技有限公司已盈利上百万元。第二年，被上海市政府定为高新技术企业，在当时，能拿下这一荣誉的民营企业很少。

季琦的创业初见成功。但他每每午夜梦回，总是不能忘记大洋彼岸的互联网。他一直在思考，应该如何在国内借助互联网浪潮来推动个人创业呢？尤其是1998年，国内各大门户网站崭露锋芒，这更吸引着他想要参与其中。

吸引归吸引，季琦早已不是当初刚踏进职场的年轻人。他始终想要找一个更加契合的行业来作为互联网创业的阵地。他非常清楚，想和那些已做出名堂的门户网站比拼无异于以卵击石，他必须保持耐心，等待最好的机会。

就这样，季琦认识了梁建章，后者是甲骨文中国区咨询总监。他们都在上海和美国学习生活过一段时间，而且工作性质也差不多，双方很快就成了好友，经常在一起喝酒。

正因为梁建章，沈南鹏的命运才和季琦牵连一处，最终将协成变成了携程。

梁建章，另一位"神童"创业者

梁建章是地道的上海人，相比沈南鹏，他的求学环境更令人羡慕，早年经历也似乎更为耀眼。梁建章出生于 1969 年，家庭幸福，童年无忧。父亲是公务员，母亲是国企员工，他本人则自幼就被称为"神童"。据说，从小学开始，梁建章基本上就不听课，他只需要自己在家把课本随便翻翻，再做一遍题目，就全部懂了。他记忆力超群，业余时间对唐诗宋词很有兴趣，能过目成诵。

1982 年，刚上初中的梁建章接触到计算机，终于找到了自己的兴趣。此时，绝大多数中国人连大一点的黑白电视都没见过。梁建章却已在上海的少年宫参加了中学生计算机编程兴趣班。首期参加的学生有 200 多名，梁建章在其中是年纪最小的。

在这里，梁建章碰到了很多超出学校水平的问题。回家以后，他拿着问题去请教父亲，父亲用高等数学知识解答出来，但梁建章无法看懂这些。他问父亲自己要多久才能看懂。父亲告诉他，起码要等上大学。梁建章表示无法接受这一点，他随即在父亲指导下，学会了高中和大学的数学课程。

就这样，他的编程能力大大提高。初二时，梁建章开发出了能自动写古体诗的程序。这个程序功能非常强大，在 DOS 时代的黑白电脑屏幕上，只需要输入古体诗的题目、格式要求，以及每句首字和韵脚，电脑就能煞有介事地写出通顺流畅的各类古体诗。

这样的程序，在今天也很不容易编写。因为编写者必须起码同时精通两门学科，即计算机编程和古诗词韵律，此外还要有逻辑学、语言学的基础知识。梁建章在半年时间内阅读了大量书籍，最终拿出了完美的作品，并以此荣获第一届全国计算机程序设计大赛金奖，获得大赛银奖的是沈南鹏。

15 岁时，初中尚未毕业的梁建章被招入复旦大学计算机本科少年班。一年后，他又从复旦直接考入美国乔治亚理工大学。随后，他在美国用一年时间，完成了别人需要两年完成的学业。到 1989 年，20 岁的梁建章开始顺利读博。

在学业和考试这个领域，沈南鹏算是优异，梁建章则是万里挑一的天才。尽管他的父母收入稳定，但并不足以轻松承担他美国留学的费用，于是他始终全力以赴，不断提升自己的学业水平。当他开始攻读博士时，他的视野豁然开朗，他发现美国当下最有价值的知识并不在学校，而是蕴含在企业实践里。于是，博士尚未毕业，他就选择停学，转而加入甲骨文公司。他的老板正是当时名列世界富豪榜第二位的拉里·埃里森。

埃里森的绰号是"硅谷狂人"。他虽然学习成绩不错，但很早就退学创业，并成就了甲骨文公司的宏大事业。在"狂人"手下工作，或多或少让梁建章受到了触动，他开始意识到将天赋变现的重要性。

真正推动梁建章重新规划事业的契机，来自回国探亲时的体验。他惊喜地发现，国内的创业环境大不相同，隐藏着巨大的商机。于是他和沈南鹏、季琦一样，选择了归国之路。

结束探亲后，梁建章立刻申请进入客户服务部工作。在甲骨文这样的企业中，客服部的各项待遇显然无法与研发部门相提并论。但梁建章看重的并非这些，而是回到国内的机会。在研发中心，他的工作主要围绕程序展开，鲜少有机会与人直接交流，相比之下，客服部门为他提供了更多与人互动的平台。

1997 年，梁建章终于等到了机会。他通过甲骨文公司的内部招聘顺利回国，成为甲骨文中国区技术总监，常驻上海。随后，他负责了不少甲骨文在华的重要项目，例如民航财务管理系统、中国电信管理信息系统的建设等。此外，他还积极融入国内企业的市场竞争，不仅在多家企业担任管理、软件、电子商务等方面的顾问，还参与策划并推动了国内多家互联网企业的创建。

和季琦一样，相比这些"小打小闹"，梁建章更想做成自己独树一帜的事情。但他们的想法又有很大不同。在创业方向选择上，梁建章最初想要打造的是网络书店。这是因为他看到了美国亚马逊公司的巨大成功。1998 年底时，这家以互联网销售图书的公司股票爆发，一度突破了 300 美元。到 1999 年 2 月，亚马逊公司估值达到 250 亿美元。除此之外，梁建章也考虑过网络招聘，同样是由于美国招聘网站 Monster 的成功。必须承认，他选择的这两大方向都很靠谱，在图书方面，当当网成为国内电商的典范，而招聘网站前程无忧、中华英才网等的表现也很突出。

此时，季琦才刚刚认识梁建章，还没有搞懂他的这些想法。季琦自己倒是看中了家庭装潢市场。随着房产市场的风生水起，国内装修市场的规模迅速扩大。1996 年，这个产业的产值只有 450 亿元，而到 1998 年就变成了上千亿，其中仅上海家装行业销售额就达 200 亿元，占全国的 20%。季琦甚至都把相关网站的名字给定好了，就叫"网上宜家"。

互联网思维的强大之处，就在于让智慧充分碰撞而闪耀。如果梁、季二人永不相遇，或许他们都会在各自的冲动驱使下开始创业，然后很可能因为客观条件不成熟而交上一笔学费。但幸运的是，因为甲骨文项目的契机，他们得以相识相知，并在惺惺相惜中各自指出了对方想法的问题，最终发现了共同的难题——物流和支付问题。由于我国地域广阔，加之当时几乎毫无进步的物流行业，很难有低成本方案解决这两大问题。至于招聘网站，季琦分析说，这个行业的竞争已经和综合门户网站差不多，梁建章不可能在这里获得什么先发优势。

思路陷入了瓶颈，让他们很是烦恼。此时，他们尚未和沈南鹏组成团队，和其他普通人更是讨论不来。1998 年岁末，两人决定放松下思绪，一起开车到上海市郊游玩。

路上，伴随着轻快的流行歌曲，梁建章望着窗外空阔而寂寥的自然景色，陷入沉思。

季琦问："你又在想啥？还想工作？"

梁建章说："不如我们做一个旅游网站吧。"

季琦踩下刹车，车停在路边，音乐仍然继续。他说："你是说旅游网站吗？"

于是，一场短途旅游变成了讨论旅游。两个人分享了多年来在中美两国经历的旅游故事。说到有意思之处，两人哈哈大笑。说到旅游体验的痛点，两人抱怨连天。梁建章绘声绘色地讲述了自己和太太去美国原始森林探险，由于过分相信纸质地图，结果差点迷路的故事，让季琦听得手舞足蹈。

这场谈话，让两人创立旅游网站的想法萌发。随着对市场的调研考证，事情似乎也变得越来越靠谱。但创业经验丰富的季琦，突然想到了钱的问题，经历了分公司被母公司卖掉的事情，他对资本多了一份沉重的敬畏。

他找到梁建章说："建章，我们俩现在还不够，还缺个懂融资的人才。"

梁建章掏出手机查了查，指着上面的名字说："想起来了，这个人是投行的，很厉害，他也是交大毕业的，说起来还是你校友哦！"

季琦定睛一看，那上面正是沈南鹏的名字。

"不如过年我们三个人吃顿饭吧。"梁建章说道。

就这样，那场诞生携程的饭局定了下来。

范敏，旅行社里走出的 CEO

范敏，是最后加入"四君子"的人。在这场改变了整个中国旅游格局的创业中，季琦原本就是创业者，梁建章是一心想要走出来的外企管理层，沈南鹏的创业更是"蓄谋已久"。只有范敏，是从不理解走向认同支持，再在 35 岁的时候抛下所有事业基础，选择重新创业。

出生于 1965 年的范敏，在 18 岁那年考上了上海交大工业管理工程专业。他的大学生涯虽没有沈南鹏、梁建章那样耀眼，但也成就斐然：毕业那年，在全校上千名应届毕业生中，直接免试攻读硕士研究生的只有两位，而其中一位就是范敏，他选择了攻读本校的管理学硕士学位。

范敏的家境不像季琦那样贫寒，但也只是普通而已。上学期间，他为了能在新华书店买到《悲惨世界》，早上 7 点就去排长队。后来，有位室友的香港亲戚送来一台录音机，整个寝室视若珍宝，几乎每天都用来播放音乐，让隔壁寝室的同学羡慕不已。

大学时，范敏将朱光潜在《谈美书简》的话当成座右铭：做老实人，说老实话，办老实事。每逢专家学者来报告或演讲，他总会在座无虚席的礼堂里找个位置认真聆听。他还是学校的学生会主席，很有领导者的气质。

老实并不意味着墨守成规，特别是在那个风起云涌的改革年代，范敏展现出了自己勇于开拓、积极创新的非凡面貌。大四那年，他和几位同学成立了交大昂立学生科技开发公司，他担任副总。公司的主要业务是做各类管理课题咨询，为企业、城市提供规划服务。尽管这家公司没有成气候，但昂立的名字得以保留，后来成为影响一时的大品牌，书写了一段引人入胜的故事。

这次创业虽然无疾而终，但却为年轻的范敏提供了宝贵经验，让他了解应该如何看待市场机会。

1990 年，范敏研究生毕业了。带着高学历光环的他，有充分的择业空间。他可以进上海市政府，也可以去金融机构工作，但最终他选择了上海新亚集团公司，这家公司属于旅游企业。

为什么会是旅游业？其实这不难理解。首先是范敏想挣钱。在 20 世纪 90 年代初期，上海旅游业从业者的平均收入很可观，连希尔顿饭店招收服务员，都曾吸引众多大学本科毕业生踊跃报考。从长远来看，范敏还认为，旅游行业缺乏高学历人才，自己更容易冒尖。

范敏的判断没有错。新亚集团当年只招收了两名硕士，属于重点培养对象。他先是在新亚国际旅行社计调部工作一段时间，到 1990 年 12 月，就被提拔到集团办公室担任助理。

虽然距离高层更近，但范敏却过得并不舒服。一年半后，他向领导打报告，要求去集团下属的海伦宾馆工作。

办公室主任非常纳闷："总部不是很好吗，干吗跑到那里？"

范敏诚恳地说："我还是想去那里，做更多实际工作。"

1993 年 2 月 18 日，范敏来到了位于南京东路的海伦宾馆，他的职位是实习管理生。范敏对此毫不在意，他心中所系的，是自己能够在这里创造出什么样的价值。如果自己是种子，那就不能飘浮在空气中，而是要深埋进泥土里。

在"泥土"内蕴藏了 4 年，范敏破土而出。他的表现获得了上级领导的认可，被派送到瑞士洛桑酒店管理学院进修。在这里受训一年，让范敏对旅游业有了更深的认识。他重新认识了现代旅游行业，认识了服务精神和态度，更明白了细节如何在无形中决定胜负。而这些素养，最终都会有益于他和沈南鹏联手打造的携程中。

一年后，范敏从瑞士归来，立即被提拔为新亚集团酒店管理公司的副总。此后，他不断进步，先后被任命为上海旅行社和大陆饭店的总经理。在这个年代，能在国企做到这样的职位，已经有了相当的社会地位。范敏有车有房，还有企业专配的司机。他还想要什么呢？

无论范敏想不想，总有人会替他想，沈南鹏就是其中一位。当他和季琦、梁建章在气象大楼租下200平方米办公室后，总是想要为团队增加熟悉旅游业的伙伴，在王正华那里碰壁之后，他们又联系上了范敏。

沈南鹏和范敏的第一次见面，是在上海的鹭鹭餐厅。在场的还有季琦、梁建章。三个人轮番上阵，向范敏介绍互联网旅游行业的大势所趋，范敏安静地听着，偶尔会问两句。但大多数时间内，从他的表情上看不出任何变化。

一顿饭吃完，没有任何结果。梁建章说，还是再换更合适的人选吧。范敏现在拥有的太多了，他不会轻易放弃的。但季琦觉得，范敏是自己和沈南鹏的校友，同样出自交大，还曾经做过交大学生会主席，这样的人如果请不动，其他人就更不可能了。

在沈南鹏的支持下，季琦三天两头前往西藏中路200号大陆饭店，找范敏谈互联网的未来，谈创业梦想。

起初，无论范敏有没有时间，他都会让季琦在等候室坐一会。季琦对这些根本不在乎，他深知国企就是这样的流程，很正常。随着他到来次数的增加，等待的时间也越来越短，双方交谈的时间则越来越长。

直到有一次，季琦走进范敏办公室就问："校友，考虑好了吗？"

范敏毫不示弱："好吧，我赌一把！"

后来，范敏解释说，他始终相信人生其实就是一场赌博，不能只赌，更要博。他于2000年3月加入携程。

此时，携程正在开展最初的酒店预订业务。在范敏的主持下，组建了呼叫中心，后来又很快发展了机票预订业务、度假产品。

范敏指出，旅游归根到底属于服务业，和产品零售行业不同。以销售电脑为例，销售商只要能及时按照客户需求，搭配好硬件设备，再做好精准市场营销，就能取得不错的销售业绩。然而，旅游的"产品"主要体现为服务过程，其中有太多细节需要叠加，任何一个细节出现问题，最终都会影响用户的体验，从而对整个网站品牌造成伤害。

因此，当携程投入使用了呼叫中心后，范敏每天都会亲自接听半小时的客户电话。他会随机切入到顾客拨打给呼叫中心的任何一个电话，将接线员在回答和处理顾客过程中出现的问题记录下来，进行专门的分析整改。

范敏规定，呼叫中心每个接线员在处理客户电话时，不能超过180秒，即三分钟内帮顾客确定订单。很多人怀疑如何让不同个性、能力的接线员都做到这一点，范敏的方法是应用梁建章的"特殊能力"，组建庞大而精准的数据库，提前将所有可能的酒店和机票信息都录入数据库。再利用数据库，指导接线员培训，将顾客电话下单流程划分为20多个具体细致的动作步骤。通过培训，接线员对其中的每个步骤都熟练掌握，确保完全一致。这样，每个客户在利用电话下订单时，就如同接受流水线的标准化服务，这大大提升了客户的体验，也提高了携程的整体运行效率。

由于范敏的到来，"携程四君子"相互倚靠，终于将中国的在线旅游电商企业做大做强，最终踏上了纳斯达克。这段精彩的岁月，也成就了沈南鹏最初的辉煌。

第四章

携程鸣锣初告捷

　　沈南鹏并非携程团队里的唯一主角。身为"四君子"的一员，他全身心投入创业浪潮，勇于担当，面对艰难险阻从不退缩，更未有过一丝怨言。当这方创业舞台不断扩张，当创业的剧情写下越来越多的喜怒哀乐，当携程的命运从微不起眼走向世人皆知，沈南鹏也从中获得了越来越重要的特质。

　　谋定，而后能胜。沈南鹏凭借充足的准备与周密的部署，成功打响了这场登陆战的漂亮一役。当携程成为一家纳斯达克上市企业，不仅为整个创业团队带来数以亿计的财富增长，更让它跃升至新的发展高度。

扛下融资重任

在"四君子"齐心协力驾驭下，携程这艘小船缓缓开动，随后开始不断加速。在前方，既有幸运的航标，也有隐藏的暗礁。

所谓幸运，在于携程网准确定位了业务类型，规避了传统的法律限制。这家新兴公司经营的旅游预订业务，主要是提供酒店住宿服务的代理销售，并非传统旅行社的组团业务。换而言之，用户只是在这里选择了网络渠道的购买方式，并非参加了旅行社所组织的团队游项目。至于后来的机票预订服务，携程也是采用跟当地机票代理商合作分成的方式，也并非正式的机票代理业务，同样无需特许经营资格。

实际上，直到沈南鹏他们开拓这种经营模式四年后，依然有传统旅游企业对此提出质疑。其中代表是北京黄金假日旅行社，他们于2004年对携程是否具备旅游业经营资格、是否具备机票代理资格发起了诉讼。但最终，法院裁定携程所从事的业务均与此无关。这说明携程的经营模式受到了法律的承认和保护。尽管它一定程度上参考了传统旅行公司的盈利模式，但归根结底属于使用互联网技术的新商业模式，势必创造出新的市场神话。

然而，在1999年，这些成绩对"四君子"还显得遥不可及。他们正面临着创业生涯中，乃至人生道路上最大的挑战——资金枯竭。

从一开始，携程的胃口就很大，四个人将其消费市场定位为全中国近 14 亿人口。沈南鹏很清楚，在中国经济不断崛起的过程中，如此庞大的旅游市场意味着什么。正如他后来指出的那样，携程之所以要做呼叫中心这种模式，是因为看到了中国酒店行业的巨大需求，而这种需求又不是传统酒店公司所能满足的。

换而言之，谁能顺应互联网技术浪潮，点燃线上旅游消费的熊熊烈火，谁就将问鼎未来旅游业的霸主之位。

想做老大，没有钱怎么办？钱成了携程成长的最大瓶颈。当初，四个人投资的 200 万元，很快就弹尽粮绝，而业务规模增长的脚步才刚开始。如果不能成功输血，那么携程网很可能要胎死腹中。作为首席财务官，沈南鹏必须想出办法，这也是梁建章和季琦拉他入伙的原因。

正所谓隔行如隔山，当投资人转身成为创业者，筹措资金之路亦是荆棘满布。沈南鹏是做投行的，和专门投创业者的风险投资机构并不是一回事。更何况，国际投行的眼光向来挑剔，即便是大企业的资金需求计划，他们都不一定愿意听，更别说投这种靠"讲故事"的小企业了。

向来操盘大项目的沈南鹏，在携程这艘刚起步的小船上犯了难，一时不知道如何引来活水。此时，季琦灵机一动，想到了 IDG 的章苏阳。

IDG 集团公司创立于 1964 年，总部位于美国波士顿，在全世界 90 多个国家和地区设有子公司和分公司，有上万名高级研究专家和采编人员，每年发表近 10 万篇行业研究报告和技术发展预测报告。1981 年，IDG 集团公司的董事长麦格文创建太平洋创业投资基金，专门投资亚洲国家的企业。1993 年，IDG 又在上海成立了技术创业投资基金，后来升级为上海太平洋技术创业投资公司。这个投资基金规模不大，而且也没有什么名气，属于投资机构行列的新兵。他们只能采取"早投、广投"的方式，希望能在广袤的市场竞争中挖到宝贝。

季琦与这家公司的合伙人章苏阳相熟，沈南鹏与梁建章也与章苏阳有着不错的交情，后续合作事宜便水到渠成。1999 年 10 月，沈南鹏亲自操刀，做了一份只有 10 页的商业计划书。之所以计划书如此简单，是因为沈南鹏有自己的考虑。

沈南鹏有丰富的投资者经验，他很理解章苏阳的角色。作为投资方，尤其是面向初创企业时，做出决定总是要承担很大的风险。一方面，企业创始人传递的信息总是积极向上的，但另一方面，任何初创企业都可能由于各种问题而遭受挫折甚至毁灭性打击。市场中天然存在的信息不对称现象正是投资方需竭力规避的难题，唯有双方建立起深厚的信任基础，融资活动才能顺畅进行。因此，当务之急是获得对方的信任，而非靠计划书吸引。

幸运的是，沈南鹏他们和章苏阳的私人关系一直不错，在洽谈时，沈南鹏又将携程的模式优势、真正价值详细解释了一遍，原有的信任感又有所增加。经过评估，IDG 中国分公司认为，携程的未来发展暂且不谈，但现有的创始人团队结构很合理。这个团队首先是相互熟悉的朋友，避免了临时组建团队很容易导致的摩擦冲突。同时这些人各有特长，会相互弥补短板。他们均具备丰富的商业经验，都明白只有把公司经营好，才能保障自身未来收益，这种共识形成了一种良性制衡氛围，为创业投资奠定了坚实基础。

果然，章苏阳在和 IDG 中国公司合伙人沟通完毕后，甚至没有仔细阅读那份商业计划书，就同意了融资。携程凭借信任的优势，从章苏阳那里拿到了 IDG 公司 50 万美元的种子轮投资。作为对价，IDG 公司获得了携程网 20% 的股份。此后，携程网每增加一次融资，IDG 公司都选择了继续跟进。沈南鹏说，这是由于双方在知识和理念上的契合，也是 IDG 对企业未来的认可。

融到第一笔钱，让所有人都松了口气。但随着业务规模扩大，企业花钱如流水，50 万美元根本不够。"四君子"很快开始筹备第二轮融资。

这次融资的过程面临诸多挑战。电商业界大牌网站易趣到香港筹资路演，这让携程四君子大受启发，他们再次做了一份更加完善的商业计划书，将携程的商业模式、发展前景、目前水平加以详细描述，沈南鹏更是根据自身对香港的熟悉，将可能感兴趣的风投机构列出名单。四个人到香港后，按名单邀请机构来观看路演。尽管准备充分，路演也并未取得成功。

香港投资人问道："你们是做什么的公司？"

沈南鹏说："我们是旅游网站公司。"

投资人问："你知道现在很多旅游公司都在推行零团费旅游吗？"

季琦忍不住问："什么是零团费？"

投资人说："零团费，就是说旅行社也很难做啦！何况你们是网站呢。年轻人，趁早改行吧。"

这次路演，并没有真正让到场的投资人理解大陆旅游市场，他们觉得，这个在线旅游业务，仅仅是由几个年轻人拼凑资金，对互联网的一次尝试罢了，并不具备足够的投资价值。

沈南鹏敏锐地发现了路演的问题。他说："漂亮的计划书没用，关键是要把计划变成钱。"幸运的是，不久后，他们又联系上了软银公司。这家日本公司以大胆的投资作风闻名，创始人孙正义曾留学美国，养成了独到的投资眼光。他先是在美国投资雅虎，随后又在中国成立分公司，投资 UT 斯达康、新浪、网易、当当网，后来还投资了马云的阿里巴巴，对阿里初期投入的 8000 万美元，最终带来了超过 9.7 万亿日元的回报，大约是投资额的 1300 多倍。

软银中国分公司管理者面见了携程"四君子"，对这个组合很满意，认为他们比其他在线旅游创业团队更具成功可能。于是，软银迅速部署了投资方案。到 1999 年年底，他们联合了上海实业、美国兰花基金、香港晨兴集团，以及原投资者 IDG，向携程投资了 450 万美元，共同获得携程 29% 的股权。随后，在沈南鹏的主导下，携程网国际在开曼群岛成立，通过换股方式，100% 控股了携程网香港公司。同时，又在北京、深圳、杭州等地开设了分公司。这样，携程网的集团架构得以构建完成，为日后以红筹方式在国外证券市场发行奠定了基础。

在携程面临资金压力的关键时刻，季琦和沈南鹏领导的融资行动成功地为公司注入了新的活力，不仅缓解了资金紧张的状况，点亮了携程的未来道路，也赢得了金融行业的喝彩。很快，携程网将会利用这笔融资，对早已看中的目标展开并购，获得更多的酒店预订业务，构建最初的利润链。

沈南鹏并不满足，为了给创业团队上更牢固的保险，他继续为融资努力。不久后，他又利用自己的丰富经验，完成了美国凯雷集团1100 万美元的第三轮融资。到此为止，携程网终于获得充沛的动能，跃跃欲试挑战新的目标。

用收购打天下

在融资取得成功后，沈南鹏很快就意识到，判断携程能否成功，并不在于引进多少风险投资，而在于这些投资能否转化为企业的盈利。这一判断，和季琦的想法不谋而合。

2000年上半年，携程为了拓展人气，提升网站点击量，搞了一系列活动。元旦，他们抓住世纪之交的机会，获得了上海龙华寺新年敲钟仪式门票的网上分销权。4月份，他们和中国民航局合作，举行了"上海国际航空小姐世纪风采大赛"。然而，不论是网上分销的尝试，还是风采大赛的举办，都如石沉大海，仅在平静水面上激起一瞬涟漪，未能掀起任何实质性波澜。此时的携程，尽管投入了不少经费，但不仅没有获得收益，连点击量的热度也没提升。

软银的投资人石明春忍不住，找到了季琦和沈南鹏。

"做推广花了多少钱？"投资人问。

沈南鹏轻轻推了推眼镜，缓缓说道："每月两三百万，几个月共花费上千万元。但是效果好像不怎么样。"

石明春说："才上千万？那你们这个速度太慢了。做市场要像烧水，只有加大火力，用猛火才能把水烧开。如果一直慢慢烧，就是火烧没了，水也开不了。"

尽管投资人鼓励他们放心大胆地干，但携程四君子很清楚，沈南鹏更清楚：风投机构投资初创企业，多少还会带着"赌"的心理。很多机构投资几十家企业，只要有一家成长起来，机构就能大赚特赚。但创业者就不一样了，如果跟着激进起来，钱撒完了，企业的气数也就到头了，创业之路从此再无翻身的可能。

基于如此现实，沈南鹏需要尽快为携程找到迅速创造利润的业务。恰巧季琦也提出了这个想法。两人同梁建章、范敏一合计，决定从酒店预订、门票预订、旅游团代理销售和机票订购中，找到最赚钱的业务。不过，四个人谁都没办法确定答案，经过一番具体摸索，最终排除了旅游团、机票和门票三项，一致决定以在线酒店预订为突破口。

这一次，他们选对了。旅游团、机票、门票都有不同的代理销售渠道，机票甚至还有上门送票、免费接送的服务。相比而言，酒店预订则属于空白市场。此外，酒店的规格、档次、种类也很多，旅客往往并不清楚如何选择，他们唯一能做的就是找旅行社帮忙预订，或者只能找车站旁边的小旅馆将就对付。这两种方法带来的体验往往不尽理想，全社会迫切需要专业、便捷、透明的订房方式。

酒店行业也有类似需求。从 1985 年到 1995 年之间，我国酒店行业发展经历了一段高速扩张期，酒店数量突飞猛进，消费数量却未对应上升。在全国 6000 家星级酒店中，有 3000 家亏损，亏损总金额高达 72 亿元，利润率不断下降，空房率则居高不下。因此，酒店更想借助专业中介机构来进行分销。在携程之前，已经有机构捷足先登，那就是传统旅行社。

如何将代理业务从旅行社手里"抢"过来？沈南鹏想出了最简单的做法，那就是整体收购。他认为，这个行业的经营运作，关系到太多因素，和旅行社的架构、文化、客户关系都有密切关系，不可能简单地挖一两个主要员工就能解决问题，必须收购对方整个团队。

季琦对此深表赞成。于是，一场迅疾的收购风暴开始了。

季琦最看重的是现代运通商务旅游服务公司。这家公司成立于1997年底，专门从事酒店预订服务。他们从最开始有36家酒店合作单位，一路做到为全国上百个城市700多家星级酒店提供服务，而且还创办了800免费电话和呼叫中心。

但是想要拿下现代运通并不容易，对方多次婉拒了收购请求。沈南鹏建议季琦，不妨先拿下北京市场上同类型的企业，让现代运通看到携程的诚意和志向。季琦同意了。

2000年3月，携程先是成功收购了北京商之行信息科技有限公司。随后，携程立即复制了商之行的原有业务模式，建立销售队伍、筹建呼叫中心、建立酒店谈判团队。很快，携程每月的订房量就从数百间上升到数万间。这次收购带来的变化显著，不仅为携程注入了能量，也带给现代运通希望。经过一番艰苦谈判，携程旅行网于2000年10月16日宣布完成对国内最大订房中心——现代运通公司的整体收购，此次收购交易价格为数百万元现金加部分携程股票，而现代运通估值为6000万美元。

携程成功收购现代运通，引发了行业的热烈反响。从旅游企业的管理团队到关注行业的财经媒体，都开始议论纷纷：为什么现代运通愿意被携程收购？

其实，携程在收购运通之前，通过并购商之行进行资源整合，已巩固了其作为国内最大酒店代理销售商的地位。他们收购运通，不是为了单纯增加合作酒店数量和会员客户数量，而是希望能将自己的网络技术同运通结合，拓展更大的北方市场。在此过程中，沈南鹏的精明果敢、季琦的坚持诚恳、梁建章的智慧、范敏的经验，打动了现代运通的创始人王胜利。

其实，在沈南鹏和季琦启动对运通的收购之前，王胜利已经见过众多的"追求者"。其中既有华夏旅游网这样的强大对手，也有志在必得的上海华晨。

华夏旅游网想要收购运通，是为了稳定自己的业界地位，而上海华晨创始人仰融更是直言不讳："我想收购你们，钱不是问题。"他甚至明确地说，携程愿意出多少钱，我就能出多少钱。

出于客观原因，王胜利必须及时出售运通，但到底卖给谁，值得他好好考虑。王胜利曾在部队服役长达二十余年，又在商海沉浮中历练多年，阅人无数，深谙谋略之道。他细致地观察了所有的潜在收购者，分析了他们的购买动机，判断他们的未来走向，最终接过了携程抛出的橄榄枝。王胜利认为，携程的这些年轻人有才干、有冲劲，尤其像沈南鹏这样在国外留学后取得显著成就，却毅然选择回国自主创业，这无疑显示了他对未来有清晰的判断，自己将运通交给他们一起做，肯定有前途。

事实将证明王胜利选择的正确性。在完成对运通收购后，沈南鹏建议梁建章及时利用运通的基础，开发出实时控房系统、房态管理系统。为确保开发的顺利实施，梁建章直接飞到北京，主导对现代运通公司的合并事宜。

在这次收购后，携程网迅速发展。2001 年，他们已经获得 2000 多家签约合作酒店，当年订房交易额达到 5 亿元人民币。到 2002 年，这个数字暴涨到 10 亿元。携程网终于撕下了互联网创业公司的烧钱标签，它开始盈利了！

有了钱就好办事，沈南鹏和季琦继续出击。2002 年 4 月，携程旅行网收购了当时知名的散客票务公司北京海岸机票预订中心，再由梁建章和范敏负责整合业务，由此打下了携程网机票预订的基础。这次收购显著提升了公司业绩。当年 5 月，携程将其原来的订票业务转移到互联网平台，一年后，机票预订网络覆盖国内 35 个城市，业务量增加 6 倍，每月交易额达到 2 亿元，在当时国内市场所占比例达 50% 以上。2004 年 11 月，携程旅行网建立起了全国统一的机票预订服务中心，并在各大城市建立了机票上门配送队伍。

几乎与此同步，携程旅行网又进军旅行社业务。2004 年 2 月，携程又获得了上海翠明国际旅行社这一重要合作伙伴。在沈南鹏的策划和范敏的操作下，携程团队采用高级管理层入股方式，对该旅行社进行收购，随之将其改名为携程翠明国际旅行社。携程仅用数百万元成本就获得了现成的出境旅游经营权，同时也包含了在国内经营旅游业务的资格。

从此，这家原本名不见经传的旅游门户网站，拥有了酒店预订、机票预订和旅游信息服务三大块主营业务。直到今天，这三大主营业务都是携程的最主要收入来源。当然，他们的其他业务还包括 2006 年 3 月推出的商旅服务、2007 年 3 月推出的代驾租车业务。

携程的成功之道，在于其精准的市场定位、注重用户体验、强大的资源整合能力以及持续的创新精神。这和整个团队的高效有关，更和沈南鹏深谙并购之道有关。对他而言，多年投行工作的经验，虽无法直接移植到创业的具体操作上，却能在规划资本驱动发展的战略蓝图时指明方向，并引领整个团队稳步前行，为携程的发展提供宝贵的指导与见解。诚然，我们不能就此认定，携程的基业是沈南鹏打下的，但必须承认，离开沈南鹏，携程即便能成功，也不可能来得如此之快。

在短短两年时间中，沈南鹏与他的合伙人巧妙地引进资本力量，为携程注入血液，再采取收购的方式，让携程强壮起来。他们不断找准战机，采用收购方式进行扩张，2014 年，携程收购列车票自动查询预订软件公司"蒜芽信息科技有限公司"。2015 年，又花费 4 亿美元并购获得艺龙 37.6% 的股份，直接成为老对手的最大股东。2016 年初，携程通过百度入股"去哪儿"，成为"去哪儿"的第一大股东……这些收购动作，秉承着沈南鹏的并购作风，携程网俨然成为我国旅游服务业的领军者。

凭借着亲近资本、吸引资本、利用资本，在 21 世纪初的中国经济发展环境下，在旅游行业和互联网电商的交叉点上，沈南鹏与他的合伙人，率先翻开了新的一页。

将"精准"变成优势

在不少人看来，上市是创业成功的标志，上市不仅能为创业者个人带来财务自由，也能让事业代代延续。毋庸讳言，携程创始团队也持此想法，为此而引入沈南鹏这样的投行专家，并不惜给了他最多的股份。

沈南鹏加入创业团队，确实带来了宝贵的投资者思维。他认为，除非投资人一开始就设定了退出时间点，否则上市就只是经营阶段的部分环节而已。追求上市，能让创业团队有更积极的动力去奋斗，但奋斗成功必须先确立自身优势再谈其他。这让初次参与创业的沈南鹏感到前所未有的压力。他说："作为风险投资商，我们只需要对已经做的100%的事情作承诺，而在互联网行业做事情，有20%的把握就需要给网民以100%的信心。"言外之意，新兴的互联网企业必须以近乎直觉的判断力，紧盯每一个细节，竭力弥补传统旅游业的短板，力求为用户提供尽善尽美的服务。

于是，沈南鹏为携程塑造的最大优势，就是"精准"二字。

企业间的竞争犹如武林高手对决，勇猛者固然招式凌厉，气势如虹，但若缺乏精准，其威胁便大打折扣。相反，精湛者无需以动作博人眼球，只需一招一式击中要害，即能获胜。

21世纪初期，互联网技术的兴起并未直接创造大量利润，但其作为新的营销渠道，显著地帮助了多个行业减少中间环节的服务费用，从而增加了利润。此时，中国旅游业市场已呈现出丰富多元的发展趋势，谁能第一个瞄准利润增长的空间，谁就能成为以互联网助推行业发展的英雄。

1999—2000 年，全国在线旅游市场风起云涌，华夏旅游、艺龙、青旅在线、绿色通道、搜狐旅游频道、城市国际旅游网、逍遥网、金色旅游网等十余家在线旅游网同台比武，纷纷推出不同价格、优惠的旅游线路产品以吸引网友，同时配套推出酒店折扣活动，可谓一时间热闹非凡。但沈南鹏偏偏没有参与任何旅游线路的比拼。他独树一帜，将资本的力量灌注在"订房"这个关键环节，收获了现代运通这个宝矿，由此高歌猛进。

对关键利润点的瞄准，只是一系列正确操作的开始。

在决定转型酒店预订业务后，携程花了三个月时间，和上千家酒店签订合作协议。但协议只停留在纸面上，并未转变成真金白银，由于携程尚未带来增量客户，绝大多数的酒店根本不必给出折扣价。"四君子"意识到，携程的营销手段不够精准，没有找到真正有需要的客户，在借鉴商之行的成功经验后，推出了线下会员卡这一利器。

商之行还未被收购时，为了打开酒店预订的市场，曾经尝试过不同方法，效果都不明显。有一次，有位员工分享了"推销牙刷"的故事：某个小品牌牙刷的代理销售商，采用直销模式，招聘大量直销人员，挨家挨户敲门推销。这个方法看起来原始落后，但让他一年赚了 3000 多万元。

在故事的启发下，线下会员卡就这样诞生了。商之行公司开始尝试在飞机场、车站派发会员卡。第一个月，他们发出去 500 张卡，第二个月发了 3000 张，近 30% 的人拿到卡片后会致电订房。

如此高的转化率，说明这些地方的目标客户群更加集中，需求更为精准。于是，商之行的所有销售员工都被派往机场，数月之后，公司的订房业务量迅速上升。

真传一句话，假传万卷书。沈南鹏在收购商之行后，也将线下会员卡这个营销模式复制到了携程。尽管会员卡的转化率相比之前有所降低，但在携程手中，它焕发出新的活力。携程将原本收费的订房会员卡改成了免费派送，再为发卡业务员开出高绩效工资，以低底薪、高提成的方式，激励他们到处跑、拼命发。最初的两三个月里，很多发卡人员每天跑 7 个小时，每月就能拿到三四千元薪水，最高者超过了上万元。在当时，这是只有外企高管才能拿到的收入！

如此刺激下，携程卡很快人尽皆知。从北京王府井到上海外滩，从各大城市的机场，到三线城市的火车站、长途汽车站，再到与异国接壤的边境口岸，随处能见到携程业务员的身影。尽管他们会被写字楼的保安驱赶，被街头巡逻的民警打量，但他们毫不退缩，想尽办法要多送出去一张卡片。

相比发卡员的狼群战术，作为公司的携程却并未声名鹊起。沈南鹏了解公司的财务状况，知道没有多少钱去做广告，而且广告的投资回报也慢。他和其他人商量后，决定干脆在各大机场租下一方柜台，柜台里忙碌的依然是发卡员。这种营销手法既能精准获取目标用户，又能宣传企业形象，强化消费者认知。

其实，每个发卡员的行动路线都有明确目的。发卡员的底薪仅为800 元，他们干活的动力全在于提成的多少，卡被激活的越多、消费的越多，他们得到的经济回报就越丰厚。这种利益分享机制如同赛马，迫使他们必须想尽办法接触真正频繁订房的客户，而不是敷衍了事。

在数量与时空的奇妙反应下，携程最初的精准利润点终于浮出水面，被沈南鹏等人用一张小小的会员卡控在掌心。到 2001 年底，携程的订房量从每月几百间上升到 10 万间，当年订房交易额 5 亿元。2002

年交易量再翻一番，稳坐国内最大宾馆服务分销商之位。

精准营销让携程收到了第一桶金，比这更珍贵的是经验。沈南鹏很快将精准优势带到了收购领域。

2002年，为了发展机票预订业务，"四君子"看上了北京海岸票务公司，这是京城里最大的机票预订企业。它早在1995年就开始做机票代理销售，很早就推出了"送票上门"服务，业务高峰期时，这家公司每天都能出票1200张。

对于这样的老牌企业，仅凭金钱堆砌无法轻易达成收购。携程必须真正了解对方的发展需求，提供相应的资源，才能为收购铺平道路。经过分析，沈南鹏认为，北京海岸在送票业务方面已经轻车熟路，但在集中预订环节仍显薄弱，尤其需要强大的呼叫中心、先进的互联网技术。此外，他们既然已经在北京有了很大的市场占有率，必然会想方设法走到各大城市，形成覆盖全国的营销、订票和送票网络，如果仅靠他们自己，虽然并非不可能，但最大的风险在于时间不足。

一旦明确了对方的需求，收购之路就会变得平坦许多。"四君子"和北京海岸只谈了两次，双方很快达成共识。沈南鹏坦诚相告，双方各有优势，携程有网络技术、营销网络，而北京海岸已经有了很好的产品、服务和供应商关系，两者携手互补，一定能有美好未来。

这番话打动了北京海岸的创始人丁汉，他很快同意了收购。加盟后，他成为携程旅行网副总裁兼北京分公司总经理。携程如虎添翼，迅速成为全国最大的酒店和机票预订中心，到2002年底，携程每月的交易额将近2亿元，占国内市场50%以上的份额。

继精准营销、精准并购后，在携程上市过程中，沈南鹏同样将精准优势发挥得淋漓尽致。参与了上市路演工作的美林证券代表、该公司亚太区投资银行部董事王仲何，对此有着深刻的记忆。

王仲何发现，沈南鹏对投资人需求理解得透彻而深入，他几乎不需要借助任何资料，就能将各类数据源源不断地从口中报出，而这些数据正是投资者所关心的。无论是在中国香港、新加坡和英国，还是在路演重点的美国，每当沈南鹏出现在投资人和分析师面前时，他都会先展示携程 2003 年的年度报表。

在投行 8 年的职业经历，让沈南鹏非常清楚投资人想听什么，通过详细剖析携程的总增长率、毛利润率、营运利润率等关键财务指标，并与行业整体进行比较，人们可以清晰地了解到携程在市场中的强劲表现和广阔的发展前景。当投资和分析师的注意力被吸引后，沈南鹏会强调携程的优势："携程的损益表非常容易看懂，你看看我们的总增长率，看看毛利润以及营运利润，情况就很清楚了，我们的资本性支出很少，非现金项目也很有限。此外，我们不采用总数记账，而是用差额来记账的，直到现在，我们的损益表也非常简单。"

沈南鹏的解说直击人心，整个路演过程中，团队未碰到刁钻的投资人提问，因为沈南鹏已经提前给出了答案。

一系列精准决策和执行后，携程登陆纳斯达克的时刻终于到来。

纳斯达克的锣声

携程的成功，不只体现在收购过程，也体现在上市历程。早在1999 年至 2000 年间，就已经有不少中国互联网公司跃跃欲试，想要去美国上市。而更早之前，网易、新浪、搜狐已经提前登陆大洋彼岸，从美国投资者手中获得了数千万美元。然而，随着互联网寒冬的到来，美国成千上万家打着互联网旗号的初创企业宣告破产，而中国的互联网创业者也暂缓了上市计划。

携程做大之时，正是全球互联网经济走出泡沫时代，迈向成熟理性的转折时期。在先后三次融资取得成功后，关于携程上市的传闻此起彼伏，投资人自然对此更为关心。

有人问沈南鹏："是不是携程融资后，马上开始准备上市？如果不是现在，那么什么时候才会考虑上市呢？"

沈南鹏说："上市早未必是好事。在美国上市的公司，发行价基本在 10~30 美元之间。如果股票跌到太低价位，那么上市公司给投资人的盈利想象空间就没有了，很难在公开市场上再进行融资，这种情况实际上比没有上市更惨。"

他随即话锋一转："但是，上市的时间又不能太晚，否则就会丧失市场先机。所以说，上市最佳时机应该是在携程业务成熟、收入稳定、互联网经济开始回暖的时候。"

其实，沈南鹏早已在为携程网谋划上市之路。早在 2001 年携程网通过收购完成盈利转变的时候，整个计划便在他心中不断酝酿。无论是团队的共同期盼，还是他的投行背景，抑或投资人的心声，始终众声齐鸣，至此汇聚成一句坚定的鼓励："加油，沈南鹏，上市就靠你了！"

沈南鹏知道，只有走上证券交易市场，才能给投资人想要的回报，同时也能证明携程网的高度和未来，实现团队的梦想。对上市的困难，他也早有预料。但他没想到的是，最先到来的困难竟在商业之外。

2003 年，互联网经济开始全面复苏，国内掀起互联网上市热潮。沈南鹏同样也在紧锣密鼓地准备着。最开始，他考虑在香港证券交易所上市，因为香港距离内地更近，有诸多便利。后来，他认为还是到美国上市更好，因为那里的投资者更多、市场更大。

就在沈南鹏酝酿上市计划时，"非典"爆发之际，我国旅游行业深陷停滞，众多企业纷纷裁员乃至歇业，携程网的所有业务也遭受了重大亏损，但携程没有选择裁员，而是利用几个月的时间进行内部轮岗培训。

幸运的是，"非典"在数月之后就结束了。而沈南鹏就是利用这段意外带来的业务停歇，整体制定了携程在纳斯达克上市的计划。

当"非典"走向烟消云散时，四君子再次聚集在携程网总部的会议室。

季琦对沈南鹏说："兄弟，我的任务完成了，公司做起来了，三轮融资已经完成了。"

梁建章也很高兴："公司的管理体系、技术平台都打造好了，现在业务流程高效运转。"

范敏说："听说，盛大公司就要在 2004 年初上市了。我们怎么样？"

其他三人的目光都聚焦在沈南鹏身上。按照最初商量好的那样，接力棒即将传到他这里了。

沈南鹏感到目光中带来的压力，但他却并不紧张。他笑了笑说："各位，放心吧。这件事情肯定我来做好。而且我相信，我们会是这轮赴美上市公司中的第一家成功者。"

三个人面面相觑，都有点儿忐忑。此时，已到了2003年的下半年，"非典"虽然过去了，但对社会依然存在着些许负面影响。沈南鹏何来底气，敢说能做到第一家成功上市？

沈南鹏接下来的话，让他们更不敢相信。他说："我打算三个月内，完成整个纳斯达克的上市计划。"

三个月一出口，大家更觉得没底了。当时，美国刚爆出多起上市企业的财务丑闻，其证券市场实行了更为严格的审核政策，如何在三个月内成功呢？尽管令人难以置信，但三人都知道术业有专攻的道理。沈南鹏是专家，操作公司上市早已不是第一次，既然他敢这样说，肯定有他的道理。

其实，沈南鹏的性格特点便是如此。他轻易不承诺，但一旦做出承诺，就一定要实现。后来，熟悉沈南鹏的人都知道，虽然他内心有团火，但对外表现经常冷静似冰。如果他有什么目标敢于当众说出来，那么十有八九已经做了精密筹划，只需按部就班执行下去就能看见成效。

接下来的三个月里，沈南鹏按照事先拟定的计划，和上市主承销商美林公司一起，走遍了我国香港、新加坡、伦敦，最后抵达美国。这个漫长的旅程只有一个任务，那就是路演。通过不断进行路演，沈南鹏向不同国家、不同地区、不同规模的投资者反复介绍着携程网的商业模式特点、现有市场地位、未来发展规模和企业战略目标。抵达美国后，他们先是在东海岸的波士顿、纽约，后到西海岸的旧金山和丹佛进行现场路演，还和圣地亚哥的投资者进行了整整一下午的电话会议。在最忙的那天，沈南鹏连续参加了10场投资者的见面会。

在见面会上，沈南鹏不仅详列了报表上精确的数字，还深入阐述了呼叫中心和互联网技术相结合所带来的独特优势。在美国，呼叫中心曾为服务业带来重要变化，它曾在很大程度上冲击了实体商店，但到了 20 世纪 90 年代就开始被电子商务取代了。但在中国，呼叫中心和互联网几乎是同时兴起的，它们同时享受到了时代的红利。在当时，即便在上海这样的一线城市，雇佣电话客服的平均月工资不过 3000 元，仅仅为美国的十分之一。这让携程的呼叫中心能放心大胆与互联网技术结合，以低廉成本运行，也能有效弥补当时互联网普及率不高、用户网上支付手段不足的问题。

每次路演会的走向都是一致的，沈南鹏先是展示客观精准的财务数字，从理性上打动投资者，再用中国版的呼叫中心故事唤起美国人的感性共鸣。这套组合拳所到之处，成效显著。当时，国外投资者很是看好中国经济发展前景，尤其对世界人口第一大国的旅游行业整体潜力有兴趣。路演旅程中，沈南鹏白天忙于开会、演讲、答疑、介绍情况，晚上则分析来自不同地域基金机构的需求。由于他对这些机构的调研周密，因此其递交的需求数据都接近真实，剔除了订单中的水分，这让沈南鹏更有信心调高发行价格。

经过紧张的路演，携程网股票发行价格从原先拟定的每股 14~16 美元，上调到 16~18 美元。到正式挂牌的前一晚，沈南鹏带领团队确定了最后价格为 18 美元。

携程历史上值得纪念的时刻到来了。北京时间 2003 年 12 月 9 日晚 11 时 45 分，纽约时间上午 10 时 45 分，携程旅行网在纽约纳斯达克股票交易所的上市钟声敲响。这次上市，携程共发行了 420 万股美国存托凭证，占扩大后股本总数的 28%。其中约 25% 的份额面向机构投资者发售。上市首日，携程网的股票价格从开盘价 24.01 美元攀升至最高价 37.35 美元，最终以 33.94 美元收盘，较发行价上涨了 15.94 美元，涨幅达到 88.56%。

通过上市，携程的各大股东均获得不等收益。管理团队同时还出售了150万股公司内部股票，共套现约2721万美元，合人民币两亿元以上，其中沈南鹏收获958万美元，将"纸面财富"变成了手中的真金白银。此外，按照股票的市值，其账面资产达到3000万至4000万美元，沈南鹏实现了财务自由，并与梁建章共同入选胡润《2003年IT富豪五十强》榜单，两人并列第33位。

谋定，而后能胜。沈南鹏凭借充足的准备与周密的部署，成功打响了这场登陆战的漂亮一役。当携程成为一家纳斯达克上市企业，不仅为整个创业团队带来数以亿计的财富增长，更让它跃升至新的发展高度。

清醒向前，奠定人才基石

携程上市初战告捷，这份胜利不仅属于"四君子"和团队，他们也代表了中国互联网企业。自从 2000 年美国股市互联网泡沫破灭后，这是第一家登陆纳斯达克的中国互联网企业，为同行们带去了叩响国际资本市场的勇气。随后，百度、腾讯、盛大、TOM 等企业纷纷向大洋彼岸迈出脚步，有的企业甚至提前启动了上市期权员工奖励计划。在沉寂三年多后，中国互联网企业第二波海外上市热潮正式到来。

沈南鹏点燃了热潮，收获了掌声，尽管置身于资本与舆论的聚光灯下，他依然保持着清醒的头脑。和创业同伴们一样，沈南鹏认为上市不是终点，而是起点。

在沈南鹏眼中，携程是国内第二批互联网创业大潮中的领头企业，它出生在前人开辟的起跑线上，就必须呈现出专业化特征，要始终明确发展方向、路径和目标。上市之初，他就如此总结："携程网可以说从成立之初就是精心设计好的……首先是一个互联网企业，同时更重要的，也是一个旅游企业，或者称之为新型服务业。"

这种务实而理性的定义，是"四君子"对携程角色的一致看法，即借助互联网这种全新服务手段，为市场提供面向未来的旅行方式。众多消费者尽管对互联网了解有限，却倾向于选择携程旅游，意在摆脱传统旅游消费的种种不便，享受前所未有的客户体验。

换而言之，用户是否支持携程，与上市无关。普通人不会关注携程的业绩年报，而只相信自身的实在感受。在他们眼中，携程并非是海外股市上起伏不定的股价数字，而是鼠标轻触即可开启的便捷网页，是电话那端耐心解答的客服声音，是通往心仪之地的航班，也是酒店前台那抹温暖的微笑……从理论角度看，携程本身并不拥有实体产品，他们的主业在于服务，只有更高的服务质量，才能将人与好产品联系起来。

因此，无论是外部环境还是组织内在，都对上市后的携程提出了更为严苛的要求：一方面，驾驶者应满怀激情，让这辆疾驰的跑车迅速适应纳斯达克的新赛道，承载着资本的升值梦想呼啸前行，另一方面，驾驶者又需保持足够清醒，做好每个零件的日常维护，让每个搭乘者都能获得尽可能完美的服务，乘兴而来，尽兴而归。

相比激情，身为 CFO 的沈南鹏格外看重那份清醒。

沈南鹏就是清醒的代名词。2004 年，他虽然已是年轻的亿万富翁，但言行风格并未有任何变化，反而更喜欢对比上市前后的携程，力求保持一致性。

携程上市前，沈南鹏基于当时中国经济的快速增长和行业机会的增多，认为企业融资后面对的诱惑会增多。他指出，尽管中国发展速度非常快，很多行业大有机会，但携程应该有所为而有所不为。他的这个观点迅速被其他人接受。从成立到上市的 6 年里，"四君子"对携程的当下定位和未来规划成竹在胸，他们既清楚如何走好下一步，也清楚每一步应该达到怎样的目标，除此以外心无旁骛。

正如沈南鹏所说，有些事情在短期内确实能带来盈利，但如果此时做不合适，就要果断放弃。企业确实应该赚钱，但不能完全以赚钱为目的，相比赚钱这件事，保持长期持续的增长能力更重要。创业初期，"四君子"只顾着做好酒店订房，并非他们看不上机票预订、旅游线路、度假项目等业务，而是此时的携程在物流、支付等领域资源不足。相反，当订房业务做好、做大，能让携程活下来，再闯入新的领域，这才是循序渐进的正道。

上市后，沈南鹏初心未改。他了解纳斯达克，这个市场希望优秀的企业能做好行业领军者，因此不能分散宝贵的精力和资源，只能保持专注、再专注。与此相比，也有一些企业在上市后自认羽翼丰满，认为资本市场有取之不尽用之不竭的资金来源，于是便到处撒网，广泛开展业务。但他们很容易在那些并不熟悉的赛道上受阻，最终被盲目的多元化扩张反噬。

此外，上市虽带来了种种收益，但也让企业面临信息公布的压力。创业之初，携程的大小股东总共只有十余个，制定经营决策，有时候只需要开一次会。但现在，携程起码有数千名股东，基于资本市场的游戏规则，企业必须不断向股东汇报，包括公开经营情况、公布财务报表等。如果急于求成，贸然走向多元化，企业经营的透明度控制就会变成难题。

既然创业没有终点，成长的烦恼就不足为外人道，只能靠自己。幸运的是，随着携程网的业务规模越做越大，"自己人"的数量也越来越多，几乎每年都要新增上千名员工。在很多企业的高速发展阶段，团队建设标准可能会降低，先满足业务需求缺口再说，但沈南鹏却保持着绝对的冷静，他和梁、季、范等人达成共识，无论企业规模如何、上市与否，员工选拔和培养都是头等大事，正是这些"自己人"的表现，才会决定携程的路能走多远。

在这样的要求下，携程网率先建立了完善的人才梯队体系，

在招聘新人时，携程网首先要看应聘者的职业操守。尽管在短暂的面试中无法完全了解一个人，但是公司会通过背景调查等手段，严格核实面试者对自身经历的表述，一旦发现面试者的描述与实际不符，

即便其学历出众、能力超群，携程也坚决不予录用。在服务行业，员工是否诚信、敬业，会直接影响客户体验，甚至关乎企业声誉，携程将其视为招聘底线毫不为过。

其次，携程会详细了解应聘者的专业技能和工作经验，更会深入考察其学习能力。在21世纪初期，绝大多数进入互联网企业的员工都缺乏经验，沈南鹏本人也是如此。但他深知，快速学习的能力是适应行业变化的关键，更何况携程网的很多岗位都要经过培训后才能胜任，这对应聘者的学习能力提出了更高要求。

在此基础上，携程还注重员工对企业文化是否认同。携程并不是"纯粹"的互联网企业，当然也并非传统服务业，而是融合了两者的特点，形成了独特的企业价值观。新员工对企业价值观的认同程度，将直接影响到他们能否迅速进入状态，为用户提供优质服务。

为了做好考察，携程网使用了专门的平衡计分卡建立员工胜任力模型。这一模型涵盖了职业操守、专业技能、合作能力和领导才能等30项具体要求，不同级别的员工需满足不同层次的标准。在携程，所有员工的招聘、培训、考核和晋升过程均基于胜任力模型和360度评价体系进行，确保员工的胜任力和潜在能力得到全面评估。这一模型标准不仅对所有业务部门主管公开，也向普通员工保持透明。员工能够清晰地把握当前及未来的岗位需求，对个人的职业发展路径一目了然。

例如，当新入职员工在3个月的入职培训完成后，会在老同事的指导帮助下逐步熟悉各项工作流程，再通过胜任力模型测试，以确定其达到岗位要求。当然，并非所有人的成长都能一步到位。即便新员工没有通过胜任力入职培训，仍有补考机会。如果他们确实不适合现有职位，还能通过"新员工关怀计划"申请调岗。至于那些表现优异且展现出巨大发展潜力的员工，携程人力资源部将予以持续跟踪与评估，提供必要的帮助与扶持，助力他们在两年内迈上职业发展的新高度。

这种严谨的选拔培养机制，可以用一句话概括："人是携程网选择的，从他进入携程网的第一天起，我们就要对他负责。"这尤其体现出沈南鹏、梁建章的个人风格印迹。尽管他们少年时便优秀出众，但全社会依然盛行集体主义，强调"不让任何一个人落下"，而当他们奔赴异国他乡，在名校和外企求学历练时，所见所闻也并非只有个人奋斗，更多是训练有素的专家在岗位上协作，形成团队合力。这样的所见所闻，让沈、梁坚信无论携程如何变化，其基石始终不可替代，那就是胜任当下而期待进取的人才团队。

作为携程的董事长和 CFO，沈南鹏对选拔和培养人才极为重视，不惜投入重金，在员工福利方面也同样舍得花钱。早在 2003 年，携程网就不仅为员工缴纳法定医疗保险金，还为其配备商业医疗保险、意外险、定期寿险、重大疾病险等，提高员工的福利待遇。包括股票期权、年终奖金、度假福利金等一系列福利政策，以及员工兴趣小组、CEO与员工一起吃饭等制度，也让携程获得了"人性化""待遇好"的口碑，吸引来了更多优秀人才。其实，沈南鹏并不是想要靠花钱来收买人心，而是强化人和人、人和企业的联系，侧重打造对企业文化的认同感。每年新年过后，携程各部门的主管都要和每个下属沟通当年的职业发展计划，明确哪些方面是提升重点。随后每隔一段时间，主管会对员工的表现进行全面评估。员工也可以同时选择其他部门管理者作为导师，接受他们的教导和评估。携程正是如此重视团队的成长，不可能让主管背负所有责任，也不会让少数骨干成为孤独的优秀者。

沈南鹏等人对携程的管理，既充满激情，又理性冷静，既严于选拔，又宽于福利，使这家公司的组织运行效率和人才素质能力长期维持在业内高水平，也为后续的发展打下了坚实基础。

第五章

如家转型再登顶

奋斗者不为自己设限。

携程网在 2004 年成功登陆纳斯达克，这是沈南鹏职业生涯中的一个高光时刻。在不到四十岁的年纪，他便凭借个人奋斗与时代机遇，达到了许多创业者梦寐以求的高度，成为众多创业者的楷模。人们开始期待沈南鹏接下来的选择：是于携程深耕细作，做一名企业家，还是功成名就后享受生活的安逸？

很快，沈南鹏便打破了这两种猜测。他毅然决然地踏上了一条更为崎岖的创业之路，矢志不渝地追求再次成功的辉煌，直至再次叩响纳斯达克的大门。

藏在帖子里的需求

在携程网成功上市 3 年后，沈南鹏以如家酒店集团联合创始人的身份，再次带领企业登陆纳斯达克，实现了其在资本市场的新跨越。

在沈南鹏的描述里，如家的故事并不复杂。他说："我们从携程看到了中国酒店行业，大家对为商务旅行者提供的特殊产品有巨大的需求，但没有酒店公司真正给大家提供相应的服务。我认为这是很大的缺陷，于是我们就去整合资源做了如家。"

发现矛盾、改变认知、执行到位，这是沈南鹏提炼的如家创业三部曲。但事实上，这是另一次堪称完美的冒险。

故事的序幕，缓缓拉开于 2001 年的一个平凡午后。这天中午，沈南鹏正在办公室工作，"四君子"之一的季琦推门而入。

他带着一丝兴奋的神情说："我刚才在浏览公司网页，发现了一个帖子，很有意思。"

互动性强，是互联网服务行业的重要优势。携程初创时，很多网页设计都照搬国外旅游服务网站，但"四君子"并不满足于此，他们也为携程设计了一些个性化功能，例如发帖、评论、博客等，让用户可以发布原创内容在平台上，吸引更多人的关注和参与。作为公司总裁，季琦每天都会登上网站浏览，了解网友的体验和想法，寻找提升的可能。

听见季琦这么说，沈南鹏好奇地抬起头，镜片后闪过一丝探询的目光。

季琦点开沈南鹏电脑的网页浏览器，屏幕呈现出他们无比熟悉的界面。鼠标滑过一条条留言，停在某个陌生网友的头像旁。沈南鹏定睛一看，网友表达的大意是就算用互联网订到酒店，价格还是一如既往的贵，回公司报销都困难。紧随其后的是另一条评论，字里行间也有怨气："像锦江之星、新亚之星这样的酒店，我们根本都预订不上。"

"还有，下面这条也是同样的意思。"季琦没说完，沈南鹏的鼠标已经停留在那里，原来是第三位网友在抱怨，他说，携程里的酒店看着不少，但干净、舒适且价格合适的寥寥无几。

沈南鹏和季琦对视一眼，他们确信彼此想到了同样的答案：既然没有，那我们就开一家！

从业务逻辑上说，酒店贵、订房难等，都不是携程的问题。毕竟，携程仅通过互联网技术提供连接服务，无论他们如何努力，都不可能为消费者凭空创造新的酒店产品。但来自四面八方的网友聚集一处，共同发出类似抱怨时，携程的创业者们脑海中浮现出一句话："山不过来，我就过去。"

沈南鹏立即着手，分析携程网上的订房数据。在重要决策之前，他向来更相信精确数字而非笼统感觉，虽然这些数据唾手可得，完全来自于公司的真实业务，但沈南鹏强烈预感到了其中蕴含的价值。

在 EXCEL 表格里，密密麻麻的数字徐徐展开。沈南鹏的目光穿梭其中，寻找能看清现实的导航标。很快，他发现了"平均客房出租率"的蹊跷：大多数星级酒店反馈获得的订单结果显示，平均客房出租率为 70% 到 80%，而两家未曾经过任何星级评定的连锁酒店，其客房出租率却常年保持在 90% 以上。这两家酒店，正是被网友抱怨"订不上"的锦江之星、新亚之星。

锦江之星，是的，正是那家以经济实惠著称的酒店。沈南鹏的思绪飞回到了 1993 年。

　　这一年，锦江酒店集团决定出售位于美国加州的一家餐馆，这趟出差任务交给了徐祖荣。他抵达美国后迅速完成了公务，并利用闲暇时间走访了分布在美国各地的朋友。为了节省开支，他尽量选择服务基础的酒店或者旅馆入住。这类酒店随处可见，价格便宜，只提供住宿和早餐服务，房间设施简洁适用，尤其适合出差的"背包客"，其英文简称为"inn"。由于经济实惠，inn 酒店很受美国普通消费者欢迎，在欧洲也发展势头强劲。

　　徐祖荣从 inn 酒店里看到了商机，他回国后不断寻找机会，致力于将这种经济高效的住宿模式引入中国。直到 1996 年，锦江集团高层想要建造一家大众化酒店。徐祖荣终于等来了实现梦想的机会。经过细致的市场调查和分析后，他提出上海的旅游业越来越发达，而高档宾馆住宿率却在下降，这说明经济型住宿的需求未被满足。如果由他来主持，就要建造出具有星级酒店水准的卫生、安全和服务，但只有普通旅馆价格的经济型酒店。

　　这样的酒店并不强求周边的繁华热闹，但要有便利的交通。它没有宴会包间、舞厅、理发美容、卡拉 OK、蒸汽浴室、按摩室等奢华设施，也没有昂贵的进口家具，更没有迎来送往的管家服务。但有卫生舒适的客房环境，有一应俱全的空调、彩电、淋浴等设施，最重要的是每晚 100 多元的价格极为亲民。

　　徐祖荣的想法犹如惊雷，打破了集团内部的平衡。锦江集团是全世界酒店业百强之一，从新中国成立前就是上海滩的金字招牌，后来又拥有新锦江、和平饭店、国际饭店等闻名遐迩的酒店品牌，在所有人印象中都是高档、豪华的代名词，起码也是星级酒店。现在居然要做这种无星级酒店，这不免让内部出现质疑声音："难道锦江集团以后还要卖大饼油条不成？"

徐祖荣并不理会这些声音，他历陈理由，坚信经济型酒店的市场潜力巨大。集团领导思前想后，最终决定支持，但只给1000万元启动资金。

1996年5月，锦江之星旅馆有限公司成立。第二年初，在锦江乐园旁，一间崭新的酒店出现了，其三人标准间每日房价只需158元。业内人士对此议论纷纷，认为这不但砸了锦江的招牌，还会带来绵延不断的亏损。

三个月后，锦江之星酒店的表现令人瞩目，其高达95%的入住率直接打破了酒店业的纪录，远超当时一星级酒店平均不到50%的入住率，成为行业中的新奇迹。

五个月后，锦江之星在部分地区和时段拿到了100%的入住率，最高时达129.6%，意味着即便到酒店前台登记，也无法预订房间！如此惊人的成绩出乎所有人意料，连徐祖荣自己也没想到。

很快，第二家锦江之星酒店诞生了，它位于浦东南路西南端的白莲泾，比第一家酒店更为偏僻。1998年3月开业时，人们对其持怀疑态度，结果仅半年，入住率又上升到了90%。

随后，第三家锦江之星酒店宣告成立，它紧靠浦东国际机场，依托源源不断的客流，同样复制了之前的奇迹。2000年后，锦江之星已从上海走向江浙地区，从自营变成加盟，发展为共15家连锁店，其商业模式日趋成熟。

锦江之星的成功引起了关注，但初期的模仿者却只有上海新亚集团有限公司。1998年4月，该集团旗下的新亚旅馆发展有限公司成立，同样选择了经济型连锁酒店的业态，并命名为"新亚之星"。到2003年，锦江和新亚正式合并，共同使用"锦江之星"品牌。

锦江之星的崛起并非偶然，作为中国经济型酒店的原点，它注定能闯出与传统酒店行业截然不同的局面。即便此时，很多酒店开发和管理的同行们，也未真正意识到其价值巨大的发展前景。但沈南鹏对帖子的解读维度不同：原本作为开拓蓝海市场的互联网工具，不经意间掀开了差旅住宿行业的神秘面纱，让'四君子'清晰地洞察到红海市场中需求与供给间存在的巨大失衡。虽然锦江之星凭借外来经验抢先发现了这种错位，但论胜负却为时尚早，谁能在更大范围加以弥补，谁能真正占领市场的空白，谁才是经济型酒店行业的老大。

　　沈南鹏自带资本玩家的天然嗅觉，他既然看懂个中奥秘，就绝不会轻易放过二次创业的机会。

拿下"建国客栈"

2001 年 6 月，携程"四君子"召开了一次会议。此时，携程的业务量达到每月超过 10 万间 / 夜的订房量，能获得数百万元的佣金收入，携程终于开始盈利了。鉴于风险投资所提供的资金尚有富余，创始团队渴望探索更具价值的营收途径，将现有盈利转化为可持续发展的动力，孕育出更多的新机遇。

会上，大家先讨论起携程的业务拓展方向，有人提议，利用现有资源和客户基础，为酒店提供管理软件和咨询业务。随着讨论的深入，季琦说起那篇帖子，沈南鹏也侃侃而谈。

梁建章听完后，目光变得炯炯有神："我们总是围绕酒店订房的业务转，但为什么我们自己不能做酒店呢？"

沈南鹏颔首回应："这其实也是我在想的。"

季琦高兴地一拍腿："我去开路，把酒店开起来，这可比当携程总裁有意思多了！"

范敏说："当先锋，那没有比你更合适的人选了！"

就这样，季琦再次踏上了创业之路。相比企业的日常管理，他更擅长做有开创性的事情，将激情与智慧注入新的领域。他揣着本子、尺子，背上一台佳能相机，风尘仆仆地穿梭于锦江之星的各个连锁店之间。他细致地将酒店的房价、房间数、床与房门的尺寸一一记录在本子上，深入剖析，就连顾客的细微反馈与服务中的点滴细节，也不曾遗漏。

季琦没有经营过酒店，锦江之星客房的很多细节都引发了他的好奇。有些房间设置了一大一小的两张床，他感到疑惑，询问了服务员才明白这是为了满足旅游旺季家庭出行的住宿需求。他又好奇地拉开床，发现床下只有水泥地，只有在顾客能看见、能走到的地方才会铺上地板，这也能节约不小的成本。顺着这个思路，季琦又发现锦江之星的地板同样特殊，选用的是耐磨材料，普通地板需更换三次时，它却依然如新，这同样是节省成本的高明之举。

季琦这里看看，那里摸摸，再仔细想其中的设计思路。时临睡前，他决定去浴室冲凉，看见赠送的小香皂也很有意思，它有着很可爱的弯月亮形状，其实是普通香皂的一半大小，既增添趣味，又降低成本。等季琦洗到一半，突然发现这香皂居然是空心的，他不禁为这种别出心裁的设计哑然失笑。

在锦江之星待的时间越长，季琦对经济型酒店的想法越是具体。他认为，在选址方面，如家既要学习，也要有自己的原则，力求在便利性与成本控制之间找到最佳平衡点。新的经济型酒店必须位于所在城市商务人流密集地带，楼盘面积要在三四千平方米，至于其物业属性倒并不重要，办公楼、商业门面、老旧招待所甚至烂尾楼，都可以入手后再改造。季琦还发现，很多城市在发展中产生了闲置的物业，业主不知如何利用。如果携程能以低价租下物业，因地制宜地用经济型酒店的标准设计和装修，很快就能实现多赢的利好局面。

与此同时，一贯严谨的沈南鹏也在思考：为什么锦江之星会受到市场热烈追捧，能以连锁模式拓展？他搜集了欧美地区经济型酒店和豪华酒店的数据。美国酒店业协会统计表明，美国的经济型酒店约有6万家，客房平均出租率高达70%，经济型连锁酒店的收入占美国酒店行业收入的 64%，每年创利数千亿美元。而在中国，经济型连锁酒店获利连两成都占不到，这种结构显然不正常。如果考虑到中国整体消费水平还不如欧美，价格相对便宜的经济型酒店必然有更多需求，绝非一家锦江之星就能满足的。

2001 年 8 月，携程成立了唐人酒店管理（香港）有限公司，计划以加盟形式发展经济型连锁酒店项目。考虑到名字太洋气，到 12 月改用"如家"，其品牌 Logo 是类似小房间模样的五边形，中间挂着一轮弯弯的月亮，象征着家的温馨与宁静，更容易让中国人产生共鸣。

品牌有了，但影响力却不可能凭空而来。2001 年内，如家重点发展三星以下的宾馆加盟，陆续有了 11 家加盟店。但大部分专业人士听说是携程的特许经营，都以沉默或摇头回应加盟邀请，有人甚至不安地询问："携程做的是订房，不是酒店，你们真的会做吗？"

沈南鹏对这些话并不在乎。但他也清楚，创业如同一场结果未知的狩猎之旅，在合适的时间和地点发现了猎物，并不代表就能拿下。看眼前的情势，如家仅有加盟店不行，现在更需要直营店，而且越快越好。

为了找到直营店，季琦马不停蹄地奔波着。2002 年 3 月，他从北京传回佳音：首旅国际酒店集团有合作意向。

其实，季琦也找过锦江之星和新亚之星谈合作，但对方一听是携程想入局，当然明确拒绝，连详细谈下去的欲望都没有。季琦无奈之下，决定北上。

在北京市宣武区（现为西城区），季琦无意间闯进了路边的"建国客栈"，它是一栋孤零零的黄色小楼，矗立在马路边。客栈的大堂小巧干净、朴素舒适，除了服务员缺乏热情外，它完全符合季琦对经济型酒店的想象。

季琦眼前一亮，心中暗喜：这不正是如家理想的合作对象吗？他和前台软磨硬泡，终于找到了客栈负责人，对方是首旅国际酒店集团副总裁梁日新女士。

梁女士同样忧心忡忡。'建国客栈'作为首旅国际酒店集团的经济型酒店品牌，由她亲自负责。然而，'客栈'的命运似乎并不顺遂，自开业以来，并没有重现锦江之星的辉煌，总是处于不温不火的状态。梁日新正在苦思如何找到推广渠道，扭转被动局面，季琦就突然出现了。

季琦详细介绍了如家的理念和规划，梁日新听后眼前一亮，觉得双方确有合作可能。她试探着询问合作方式，季琦提出的想法很创新：双方按股份出资开经济型连锁酒店，将"建国客栈"作为直营店，并在携程网上全面推广。

这个想法让梁日新感到兴奋，她清楚携程的技术水准和客源积淀，也认可这份筹码的分量。

实际上，季琦之所以能提出这样的合作模式，这背后也有沈南鹏的功劳。

在如家项目开始之际，沈南鹏看准了经济型酒店快速发展的秘密武器，于是决定将携程模式复制到经济型酒店领域：精准的市场定位和强大的电子商务。这两大优势里，锦江之星做到了前者，但后者才是如家的核心竞争力。携程已有的电子商务平台，能为如家提供持续不断的客源，而且有能力覆盖全国。这种自主供血的营销能力，无论传统酒店还是锦江之星，均难以望其项背。

果然，梁日新很快回复季琦说，她请示公司总裁梅蕴新，梅总表示可以合作，但不能由携程控股。

就这样，事情暂时耽搁了下来，直到三个月后，季琦面见梅蕴新。

季琦坦率地说："第一，再不合作，别人就要抢先了。第二，携程不能控股，如家的体制和资金就无法解决，因为国企背景的公司是无法连续吸纳风险投资和私募基金的。"

那天，梅蕴新与班子商量一小时，最终同意了合作方案。

2002 年 6 月，如家酒店连锁有限公司正式成立，携程占股 55%，首旅集团占股 45%。梅蕴新、沈南鹏为联席董事长，季琦为首席执行官（CEO）。合并后，首旅旗下 4 家北京"建国客栈"，统一使用"如家酒店"品牌，此外，上海还有携程自建的一家门店，位于世纪公园附近。这 5 家酒店，成为如家酒店的首批连锁直营门店。

急先锋季琦的"三板斧"初见成效，但如家能否后来居上，还要看市场评分。

用携程经验做酒店

虽然有了直营店，但行业内人士还是延续着对"四君子"做酒店的质疑。他们觉得，如家的诞生没有多大意义，不过是"建国客栈"换了个名字，不会打破市场格局。也有人说，如家不过就是把价格做便宜，在北京，一个标准间标价都不到 200 元的酒店，能赚什么钱？

对这些传闻，沈南鹏从不回应。他只在乎数字和事实，只相信现在就是发展中国经济型连锁酒店的最好时机。既然外有国内外先行者的成功经验，内有资金和技术的驱动，如家就没有不赢的理由。

沈南鹏的战略定力，让季琦在战术层面有了更大的施展空间。第一家完成改造的如家直营酒店，坐落于北京市朝阳区新源南路 8 号。那时，大多数宾馆还是以白墙为主色，如家却大胆采用温馨的淡粉色、淡黄色为主色调，床单设计成粉红色。房间里有铺着花台布的精致小圆桌，也有简洁实用的床头柜，到处透着宾至如归的家居情调。另外，季琦还设计了可折叠的行李架，在卫生间配备了两种不同颜色的洗漱用品以便客人区分使用，这些独具巧思的细节让客人感受到家的温暖，也让市场逐渐接受了如家和锦江的差异化。

细节之处见真章，如家以其人性化的设计迅速赢得口碑。但如家更厉害之处不在酒店房间，而是隐藏在沈南鹏的电脑里。他从一开始就设定好如家要走连锁经营的模式，而且要利用互联网渠道来整合资源、运营渠道、宣传品牌，这些都是携程证明能走通的道路。

2002年末，如家开通了800全国免费订房电话，建立了呼叫中心，同时又通过携程网站开展网络预订服务。这个集声讯、网站于一体的电子平台，不仅帮助如家酒店高效管理旗下酒店，实时监控客房状态，还实现资源精准调配。顾客可以在北京打电话预订上海世纪公园店的客房，如果客房已满，系统可以向顾客推荐附近其他如家分店的客房，实现快速响应。如家酒店通过电商运营模式，实现了标准化服务和品牌推广，从而提高客户满意度，通过有效推广扩大客源，进而提高了客房的平均出租率。

有意思的是，亲兄弟也要明算账。携程为如家提供了营销渠道，但毕竟还是两家公司，携程每为如家带来一笔订单，如家需支付30元中介费。除此之外，沈南鹏也推动如家借助其他网站线上销售，其中就包括携程的竞争对手艺龙网。这样的局面就形成了"你中有我、我中有你"的复杂关系，表面上携程和艺龙是竞争者，但如家和艺龙又在合作，这正是沈南鹏乐于见到的多赢局面。

如家不仅有良好的合作关系，也有娴熟的客户关系管理办法，这套办法同样来自于携程。沈南鹏和季琦将携程的会员制移植到如家，发嘉宾卡，组建线下团队，将业务员放出去跑市场、签协议。由于携程的客户管理系统已很成熟，如家只需通过客户数据库就能找到符合条件的客户资料，再将优惠券邮寄给他们。这样做既为客户带去了实惠，避免了麻烦，也为如家减省了推广成本。仅仅半年光景，如家酒店便门庭若市，昔日的携程依赖现象再度上演，众多企业商旅人士在潜移默化中养成'出差选如家'的习惯。

到2003年初，如家的门店数量直线上升，并且签约了第一家特许经营加盟店，成为国内酒店行业首个真正意义上的特许经营案例。2月，如家连锁酒店荣膺2002年"中国饭店业集团20强"。

所有辛苦都获得了回报。季琦高兴地对沈南鹏说："我们很快就可以超过锦江之星了。"

按照沈南鹏的思路，如家应该继续扩大加盟体系，增加门店数量。然而，这一年的 4 月，SARS 突然爆发了。很多人不敢出门，差旅人数锐减，酒店业陷入低谷。

在如家的董事会上，有董事提出暂缓扩张并主动裁员，这样才能度过低谷。但沈南鹏和季琦却坚持认为，危机正是扩张的良机。他们力排众议，逆势而上，加大营销力度，优化服务品质。

事实证明，他们是对的。当旅游业损失惨重，众多酒店入住率下跌到 10% 以下时，如家快捷酒店的平均入住率却保持在 50% 以上，部分连锁店出租率甚至高达 70%。

SARS 在 2003 年 6 月平息，如家迅速恢复元气，市场份额进一步扩大。不少三四星级酒店找上门，希望加盟并由如家管理。但沈南鹏思忖再三，并未轻易同意。他后来说："做企业和赚钱是两回事。哪怕他们不是拿如家的牌子，即使叫'如家'什么，也有问题。这会分散管理层的关注度，对品牌是一种稀释。"

沈南鹏为如家制定了快速规模化的连锁战略。他将品牌的起步点确定在北京、上海，然后以这两个中国最大的城市作为跳板，进军其周围的一二线城市，如天津、杭州、南京等，形成"华北区""华东区"，随后又形成"华南区"。为了迅速实现规模化，如家并未购买商业地产自建门店，而是全部采取租赁直营模式，此举大大缩短酒店成型周期，加快了连锁扩展的速度，也有效减少资金压力。

事实证明，沈南鹏的这一招异常明智。他将如家看成和携程一样的旅游服务型企业，设定了以"携程速度"在纳斯达克上市的目标，这些都是如家快速崛起的关键因素。

尽管追求快速规模化，但沈南鹏还是保持着清醒，他始终严格管控加盟店和直营店的数量比例，对门店服务也按照统一标准来执行，这同样是从携程学到的经验。他规定，每家门店的店长都要从总部派出，员工也要接受统一的培训，为了增强培训效果，如家还在2004年设立了如家酒店学院，对店长进行严格培训，确保他们对整个门店服务流程掌控到位。

沈南鹏看重服务标准化，是因为他亲手参与了携程品牌的建立过程，他深知品牌价值来之不易，必须保持续的优质服务。如家是后起之秀，想要真正建立品牌，建立属于自己的客户群，不能只是靠网络推广、市场营销，还要在连锁经营过程中保持高标准服务要求，通过优秀直营店的辐射作用，带动后续更多门店，最终让所有店都受益。

具体到服务措施上，如家秉持"将成本花在刀刃上"的理念。星级酒店的客房与员工比例为1:1或1:1.5，但如家则精简了大量服务和管理人员配置，通常每100间客房配备30至35名员工，且未设立门童等岗位。如此节约下的成本，可以用于降低酒店价格，让顾客有良好的心理预期。但在顾客最关注的酒店卫生上，如家则并不会吝啬投入，反而会加大清洁力度，在控制成本的同时，实现了服务效果的最大化，从而以低廉的价格赢得了丰厚的利润。

由于沈南鹏、季琦等人的努力，如家很快走过初生期，开始了迎风飞翔。投行工作经历及带领携程登陆纳斯达克的经验，让沈南鹏对风险融资和海外上市运作了如指掌。这也为如家的后续扩张开了个好头。2003年，如家成功获得IDG、美国梧桐创投等机构的风险投资，极大缓解了现金流压力。

这两家主投机构的介入，与季琦的努力分不开，与沈南鹏也有很大渊源。IDG是世界著名风险投资集团，很早就因为看好中国经济发展而来华投资，携程就是受到IDG合伙人章苏阳的信任，而获得了第一笔投资。梧桐创投则是美国花旗银行与新加坡政府合资成立的，其业务集中在亚洲，而沈南鹏曾任职于花旗银行，又有了纳斯达克上市的战绩，自然更受信赖。

2004 年开始，如家轻舟已过万重山，借助资本力量加速前进，营业额从 2002 年的 2000 万元猛增至 1.3 亿元，门店数量从最初的 5 家迅速发展到 35 家，且平均出租率始终保持在 90% 以上。

值此关键时刻，沈南鹏却毅然作出一个在外人看来颇为冷峻的决定——更换季琦。

用孙坚来"补钙"

携程"四君子"各有千秋,是天造地设的创业团队。从认识之初至今,他们始终维持着良好私交,这在中外创业历史上也并不多见。

但是,再优秀的人走到一起,时间长了,也不可能没有分歧和矛盾。在商言商,当企业规模越来越大,团队成员研判形势的视角和立场会有所不同,想法的差距自然也会拉大。

在携程就发生过类似的情况。拉来第一笔风险投资的是季琦,在投资人章苏阳的要求下,梁建章交出 CEO 职位,由季琦接任,梁建章改任 COO。到 2000 年,携程的业务走上正轨,团队觉得企业管理水平亟须提高,而梁建章的长处恰是管理。结果,季琦让出 CEO 职位,回归总裁角色,梁建章重新担任 CEO。这一变动虽引发外界诸多猜测,但内部却达成了高度一致的认识:企业发展需适时调整舵手。正如梁建章所说:"四个人分工不同,但目的都一样。我们四个是互补型团队。"

互补,既包括能力的互补,也有性格的互补。在如家,季琦热情、敏感,善于捕捉市场机遇,沈南鹏则冷静、理性,擅长战略布局。两人配合无间,各展所长,共同推动如家蓬勃发展。但到了 2004 年秋,情况发生了改变。此时,如家以迅猛的发展势头引起了外国同行的关注。

2003 年 10 月 10 日,法国雅高集团创始人保罗·杜布吕突然造访上海锦江之星酒店,等他回国后,一个计划悄然启动:雅高集团进军中国酒店市场。2004 年 10 月，雅高旗下的经济型酒店品牌宜必思在成都开业，标志着国际巨头正式入局这个庞大的市场。此时，距离如家成立两周年庆典仪式在欢声笑语中落幕，仅一个月不到。

保罗·杜布吕入局，无论对如家还是锦江之星，都不啻于一颗重磅炸弹。以杜布吕的年龄与资历，称其为这些行业后辈的前辈亦不为过。此人出生于 1934 年，年轻时在美国的银行业界工作，了解到假日酒店的概念，心心念念想要将之"搬"回法国。1963 年，他认识了杰拉德·贝里松，此人也是学霸，从美国麻省理工学院毕业后，供职于 IBM 欧洲公司巴黎总部。

两个年轻人一番商量后，立即着手创业，拉来的第一笔资金来自贝里松的父亲。1966 年，位于里尔的诺富特酒店开业，这是法国北部的第一家三星级酒店。8 年后，两人的创业收获胜果，诺富特连锁酒店增长到了 45 家。为了进一步拓展，他们又打造了二星级酒店宜必思旅馆，很快发展到 15 家门店。

不安分的杜布吕没有停下脚步，他想要走出法国，去见更远的天地。1973 年，他设法跨过了"铁幕"，将诺富特开到波兰，随后又到了非洲、中东、东南亚。从那时起，杜布吕就梦想着闯进古老的中国，在数以亿计人口的市场中开拓。但直到 2004 年，他的梦想才算实现……

杜布吕来了，他的身后还跟着一串外资经济型酒店，速 8、美兴等国际知名品牌皆在其中，纷纷在中国市场站稳脚跟。

无论是外资企业汹涌来袭，还是本地同行的奋起直追，都在沈南鹏的预料之中。与此同时，如家董事会高层正在为未来的竞争筹划：当如家发展到 100 家连锁店时，现在的直营模式是否还能继续，现有管理者能否保持全盘掌控力？如果这个数字再从 100 家发展到 200、300、400 家呢？

就这个问题，沈南鹏和梁建章、梁日新多次交流。他说，季琦和自己都是打江山的人，但如家此时已经不再处于创业阶段，必须运用新的战略来应对竞争。但事实上，如家新开的店越来越多，很多员工培训不足两个月就上岗，在管理方面显得捉襟见肘，甚至因此出现了几次加盟店的负面新闻。

沈南鹏焦虑地总结道："就像孩子成长太快可能缺钙。"为了避免如家也缺钙，他开出良方，其中最重要的一味补品就是孙坚。

孙坚并非酒店行业出身。1987 年，他毕业于上海医科大学卫生管理专业，随即赴澳大利亚攻读市场营销课程。1997 年回国后，他先在易初莲花担任市场部总经理，2000 年加盟英国翠丰集团下属 B & Q 百安居（中国）任营运副总裁、华东地区总裁。

沈南鹏之所以看重孙坚，是因为孙坚在跨国连锁企业拥有丰富的工作经验。他熟悉连锁经营，了解怎样将零售生意标准化、简单化，实现大范围复制，并在此基础上保持差异化。他作为经过外企历练的职业经理人，擅长资源整合，且深知如何有效扩大连锁经营的规模。

但是，那时的百安居毕竟隶属于跻身世界 500 强的翠丰集团，孙坚并没有很强的动力跳槽去发展中的民企，也不清楚自己是否适合连锁酒店行业。他礼貌地向沈南鹏表达顾虑，表示会考虑邀请。

不久后，一件小事彻底改变了孙坚的看法。他带着家人去夏威夷旅游，按以往习惯，他会入住五星级宾馆。但这次，他偏偏选择了经济型酒店。结果让孙坚大吃一惊，他发现经济型酒店精准契合了游客需求，注定会拥有广阔的市场前景。

回国之后，孙坚又亲自到上海浦东陆家嘴的如家快捷酒店塘桥店住了一天。在短短几个小时里，他亲自"检查"了房间，从地面清洁度、床品质量，到灯具、卫浴用品质量等，此外，上网速度、服务员响应速度也在考察范围内。这次现场体验后，孙坚很满意。为了验证，他还特地问陪同检查的朋友感觉如何，朋友笑着说："平时我不考虑四星级以下酒店，但这样的房间只需 188 元，我愿意住，因为性价比高。"

这两次体验，让孙坚意识到，经济型酒店将会成为酒店行业的巨大力量，发展势头不可阻挡，也才刚刚开始。此时加入如家，只需要专注地做好自己的事情，就能凭借先发优势而长期领跑。

带着这样的想法，孙坚和沈南鹏、梁建章见面了。在三个小时的畅谈里，他们聊了过去，但更多谈及现在和未来。孙坚表示，连锁企业就是要重复复制你的企业，其中最重要的就是建立系统和流程管理。沈南鹏则惊喜地发现，孙坚对六西格玛、ERP 等携程的起家法宝也有深入见解。

在谈话末尾，孙坚诚恳地说："坦率地讲，我不懂酒店。但我有做连锁店的经验，如果如家的发展方式是连锁经营，这恰恰是我的特长。其次，零售也好，酒店也好，它们都是服务业，都要让顾客满意。我在服务行业做得还算不错。另外，我比较有人缘，服务业管理除标准外，还要有润滑剂和人性化的东西来补充。"

英雄相惜。2005 年 1 月，孙坚婉拒英方挽留，辞职加盟如家。在新闻发布会上，他向外界宣布，自己的任务就是打造一台"复印机"，让如家的复制效率更高、效果更好。

孙坚将如何打造这台"复印机"？整个行业拭目以待，沈南鹏也在期待，他坚信，这将是如家迈向纳斯达克的关键一步。

再登纳斯达克

季琦用饱含激情的姿态，写下如家传奇的开篇，而与之风格迥异的孙坚，则承担了整个故事的主体部分。2005 年，他秉承独有的理性和低调气质，迅速融入了如家，以标准的职业经理人角色，扛起这家新生企业的重任。

孙坚确信，沈南鹏为如家定下了上市路线图，其顺利执行的关键在于尽快构建整体管理系统，在统一的流程运转中表达品牌理念。他说："如家需要从 50 家发展到 100 家，就不能简单地依靠速度扩张，还要有整体的打法。就像足球，每个人都要有闪光点，但更要讲究整体战略。"

这样的深层领悟，让沈南鹏确信自己没看错人。他告诉孙坚，尽管放心大胆地干，有任何事情都由他顶着。

沈南鹏轻易不会拍胸脯，这让孙坚有了底气，他立即着手为如家建造企业模型。整个模型的内核由一个支持中心和 4 个经营中心组成，其中支持中心担负着如家大脑的职责，包括制定全国战略计划、服务标准和操作流程；搭建连锁企业必需的中央运行系统，例如信息平台、营销系统、采购系统、工程控制、财务管理等方面；负责监督不同地区酒店的执行情况等。经营中心则分为华北、华东、华南、华西四个区域，京沪两地为重点城市。

　　沈南鹏对孙坚的计划很赞赏，也愿意拿出真金白银来支持。仅为中央平台，他便说服董事会拿出 500 万元人民币开发。平台包括四大内容，分别为中央管理系统、中央采购系统、中央财务系统和中央信息系统，它改变了传统酒店的信息整合方式，让如家拥有了高效运作的资源整合平台，还具备了强大的综合分析能力。

　　如家初创时，还在依托携程等网站或呼叫中心获得客源，但有了中央平台后，足以支持 15 万如家会员轮流下单，来自如家自身网站和电话的订单很快就成为主流。

　　客源管理强化的同时，企业成员也从中获益。如家的董事们能足不出户，也不需要打电话，只需要坐在办公室里打开电脑，就能看见每家门店的即时业绩表现，获取第一手信息。而员工们无论岗位高低、身处何处，也同样能得到系统的有效支持。

　　孙坚亲自设计和打造的管理平台，对如家日常运营至关重要，加速了其自我复制和横向扩张进程。但孙坚并未就此停下，他的关注重点进一步集中到加盟方式上。

　　孙坚认为，现阶段的如家品牌并没有强大到能很好地管控合作方，应该削减加盟方式。这与沈南鹏的想法不谋而合。

　　曾几何时，为了加速扩张、占领市场，如家曾经全面出击，以直营店、特许经营、管理合同和市场联盟四种方式并举。在创业之初，这种战略很是奏效，帮助如家建立起根据地。但现在，如家需要以标准化复制的方法建立正规军，必须有所取舍。

　　孙坚果断提出，砍掉管理合同、市场联盟两种加盟方式，以直营店为主，以特许加盟为辅，他对此总结说："速度第一，但非唯一。"

　　孙坚见识过连锁企业的兴衰，他用经验告诫团队：想要打响品牌，想要为纳斯达克所接受，就要先学会忍耐。只有耐心坚持，做好各种繁琐的准备，才能在关键时刻一鸣惊人。

　　为了做好准备，孙坚开出了长长的事项清单，沈南鹏最为期待的便是"规则"。他对孙坚说："有个好领导，不如建立个好规则。"任何创业团队都可能解散，任何管理者都可能离职，但只要规则屹立不倒，他们曾经秉持的理念就会得以延续，企业便能从中不断汲取前进的动力，进而赢得资本市场的长期认可与价值肯定。

　　孙坚在如家建立起了整套的运营规则，这些规则自上而下，分别约束不同层级的团队。例如，他规定在任何城市里，第一家如家门店都不能是加盟店，无论加盟方提出多么丰厚的条件。理由很简单：如家在这个城市没有直接管理经验，也没有建立品牌形象，不能轻易冒险，类似规则涵盖了企业的方方面面，包括专门成立加盟管理部门，直接向孙坚负责，也包括规定加盟店只能负责投资，管理必须由如家进行。

　　孙坚也为自己建立规则。那时，他在上海如家徐家汇店首层办公，办公室仅有一排文件柜，一张普通桌上放着两台电脑，一台用于处理日常事务，另一台则实时监控各门店运营数据。正是在这里，孙坚每天都向每一位遇到的同事问好，训练自己不看任何资料，即可说出每位店长的名字……

　　越来越多的人领略到沈南鹏眼光的独到，相较创始人季琦，孙坚更适合挑起如家中期发展的大梁。有位店长如此评价两人的区别："季总是创业家，雷厉风行，看到摆放的杂志过期了，立即就会批评。孙总不会当面马上要求，他是在增加规则之后，再要求你做到这一点。"孙坚对系统的推崇、对规则的倚靠，由此可见一斑。

　　规则的目的并非在于约束，而在于实现可复制的成功。规则越是简单化、标准化和可视化，就越便于执行和推广。自2004年起，如家逐步完善了16本标准手册，涵盖105页餐厅服务与132页管理规范等，每6个月讨论并改进，以确保规则有效。尽管这些规则体系看似复杂，但正是这些详尽的规范，确保门店数量快速增长的同时，维持经营模式的一致性，进而构建强大的品牌号召力，以适应经济型酒店新需求。

一年的时间过去了。截止 2006 年 6 月，如家门店已从孙坚加之前的 30 多家发展到 130 多家，覆盖全国数十个城市，品牌含金量直线上升。

与此同时，沈南鹏也马不停蹄地推动着如家上市。想要让纳斯达克敞开大门，不能只有孙坚这样的优秀 CEO，还要有出色的 CFO，这个人必须能和华尔街的投资人有效沟通，还要保证如家的财务管理、内部控制都严格符合美国上市要求。

沈南鹏最终选择了精通中美财务体系的吴亦泓。她 1989 年毕业于上海复旦大学生物化学系，随即赴美深造，获得经济学硕士和 MBA 学位后，又先后担任 JP 摩根资产管理公司副总裁、施罗德投资管理公司美国公司第一副总裁等职务。在管理咨询工作期间，吴亦泓积累了丰富的跨国财务管理经验，并最终决定专攻酒店、零售等行业的投资。携程上市时，吴亦泓曾帮助所在公司参与投资，和沈南鹏相互留下深刻印象。2005 年下半年，当她准备回国时，听说如家在谋求上市，立即将简历发给沈南鹏。

2006 年，在接受了如家董事会的全面考核后，吴亦泓正式加盟，成为公司的 CFO。她迅速对如家的财务体系进行了梳理，惊喜地发现各项指标均已符合纳斯达克上市标准。加之此时美国股市正值繁荣期，投资者对如家这类高成长性企业表现出了浓厚的兴趣，这让她对如家上市颇有信心。

为了做好准备，吴亦泓在如家总部的财务和会计部门分别设立了总监岗位，分别按美国的会计准则准备上市前三年和当年财务报表，这项工作量非常大，从如家总部财务部门的二三十人，到各门店的财务人员，几乎每天都在加班，甚至凌晨还会联系，就这样度过了最艰难的时光。

吴亦泓的加入，让沈南鹏确定时机已到。他开始紧锣密鼓地运作如家的上市。在外部，沈南鹏选择了瑞士信贷、美林银行作为主要合作方，邀请普华永道公司负责审计，瑞生国际律师事务所负责法律事务。对内部，他根据企业团队成员的责任和能力，进行了不同的任务分工。

沈南鹏亲自主导如家董事的替换工作，在上市完成后，IDG、梧桐基金等原有风投将陆续退出，章苏阳等人将辞去董事职务。为了未雨绸缪，沈南鹏物色了合适的独立董事来接替他们。

与此同时，孙坚则要对接投行和律所，助其充分理解如家的商业模式，然后才能编制如家的招股说明书，进而准确定价。孙坚相信百闻不如一见，他邀请这些人到如家参观、住宿，亲身体验中国的经济型酒店，和不同部门、岗位的员工接触，了解如家中央管理平台的运行，也可以调阅各类业务报告，提出各方面问题并得到回答。

孙坚的做法迎合了这些业务精英的习惯，他们从中认识到如家已经面对广阔市场做好了准备。

在全体人员的努力下，如家终于迎来了令人激动的时刻。2006年10月26日，如家董事会联席主席梅蕴新和沈南鹏，共同敲响了纳斯达克的开市钟，如家快捷酒店正式在纳斯达克证券交易所挂牌上市，共发行790万股，募集1.09亿美元。如家在上市首日的表现，成为当年纳斯达克表现第二佳的股票。

这次上市，将如家带到了新天地，也为创始团队带去了财富。沈南鹏、梁建章、季琦等人持有的股票账面价值均超5000万美元。而加入如家不到两年后，孙坚也获得了954万美元的股票。如家成就了中国酒店业界的传奇，也让这些奋斗者的身姿变得熠熠生辉。但沈南鹏并未流露出兴奋，他对记者说："我并不感到意外，因此也没有什么惊喜，从此以后我可能就不会再因为公司上市而激动了。"

在沈南鹏身后，是两次登临纳斯达克的光荣之路，但这一切都已是过去式。从这天开始，他想要为世界带去更多改变。

第六章

红杉入局动风云

21 世纪的中国，春潮涌动，遍地都是机遇，到处皆有黄金。创业的浪潮一波又一波，无数怀揣梦想的年轻人前赴后继……

此时的沈南鹏，已非当年那个初出茅庐的创业者，身为携程、如家两大美股上市公司的创始人兼大股东，他无需再亲自创立另一家成功的企业，而是心怀壮志，渴望构建一个影响深远的投资王国。

从 2005 年开始，沈南鹏在红杉中国练就了一双慧眼，他不断观察、甄选和投资，将自己的名字和更多企业的崛起紧密相连。从此开始，他将带着投资人的光环，为后来人指路引航，帮助他们实现梦想、成就荣耀。

与张帆的命运相交点

2005 年，沈南鹏的创业已取得耀眼成就，下一段征程正静待开幕。当他攀上事业的高峰，眼中并无山下众人那羡慕的目光，而是凝视着更高处，那里有穿透云海的点点光芒。他们有着共同的称谓："风险投资人"。

沈南鹏清楚，携程和如家的上市，不是故事的结束，而是崭新的开始。他不喜亲自管理企业，也不想再亲自指挥第三场创业战役，而是要做更宏大的事情，那就是投资、投资、持续不断地投资。

"投资是最适合我的职业。"沈南鹏笃定地告诉朋友，"我想不出来现在还有什么职业会更适合我！如何去发现别人没有发现的价值，是我一直琢磨的问题。"

说这话时，他的目光意味深长地闪动着，仿佛此刻他的思绪越过大洋彼岸，又倏然回归脚下这片辽阔土地。他深入对比了中美两国的投资业界，得出结论："如果在美国选出 20 个最能影响社会生活的人，里面肯定少不了投资人。中国现在还不会如此，但已经有了这样的趋势。"

趋势主宰时代，改变着每个人，顺应趋势的弄潮儿，也同样改变着时代。

哥大求学期间，沈南鹏就在日复一日的自察中，读懂了灵魂深处的追求与渴望。来自师长好友们的评价，更帮助他看清了未来。他"不安分"，绝非安心于皓首穷经的学者，他足够睿智，也就不是小富即安的生意人。他的野心、独特个性和广阔胸襟，如同火山岩浆般炽热，尽管被儒雅表象掩盖，他仍注定要找到合适的时机，在正确的领域，用这般激情创造契合时代主题的完美作品。

对企业家而言，能花费半生时光，将姓名同一个卓越乃至伟大的商业品牌联系起来，这或许便是对白驹过隙般流逝的时光，最好的纪念。正如乔布斯之于苹果、松下幸之助之于松下电器、马斯克之于特斯拉、任正非之于华为……无论生前身后，他们的姓名将始终被镌刻到一家国际级企业的故事里，为万千人所铭记。这，已是莫大的个人成就、

然而，这仍不能让沈南鹏满足。他想要更多。他希望成为创业者背后的创业者，成为培养优秀企业家、孕育伟大企业的人。如果说人生是不断地攀登，沈南鹏从不会流连于半山腰的景物。他喜欢不断尝试，追求更大的商业影响力，成为创业者背后的创业者，攀登商业之巅，俯瞰竞争格局，这才是他真正的目标。

他说："我个人的兴趣就在于，运用自己创办携程等企业积累的经验，去帮助更多中国企业快速、健康地成长，我觉得只有作为投资者，才能最大限度地发挥我的才智。"转身投入投资领域，这是他遵从内心的勇敢一跃。

但沈南鹏离开携程后，需要一个更大的平台，实现投资梦想。当"红杉"的名字映入眼帘时，机会随之到来了。

始创于 1972 年的红杉资本（Sequoia Capital），在外人眼中是庞大而又神秘的创投帝国。这家美国投资机构，缔造了斐然的业内成绩，塑造了强势的文化传承。成立之后，红杉资本先后投资入主了苹果、思科、甲骨文、雅虎等多家著名美国上市企业，创下一季度培育一家

上市公司的奇迹速度，并因此享誉商圈，高达 96% 的平均投资回报率，更是远超行内平均水平六七倍。

倘若这样一家堪称传奇的资本机构参与到己方阵营，对于每一位雄心壮志的中国企业家而言，无疑是梦寐以求的强大后援。

与此同时，红杉资本也敏锐地察觉到了市场中的巨大机遇。

2003 年以来，政策体系不断完善，行业环境日益成熟，推动我国风险投资行业进入高速发展阶段。恰逢红杉资本跟随国际主流趋势，跃上扩展全球商业版图的快车道，正敏捷地寻找突破口，寻找一位能助其打开中国市场的猎手。

将沈南鹏带到红杉资本面前的，是另一位优秀的投资人。日后，他将成为沈南鹏在投资事业上的灵魂搭档。

他就是张帆。

似乎是冥冥中注定的缘分，张帆和沈南鹏的人生有许多契合。1971 年，张帆出生于江苏无锡，随父母来到石家庄读完小学和中学。那段时间里，张帆给师长和同学留下的印象是性格平和、学习努力、容易相处。张帆后来回忆说："我觉得这种性格对我现在做投资帮助很大。"

1989 年，张帆考进了清华大学计算机科学与技术系。此时，这所百年名校正沐浴着对外开放的春风，焕发新的学术生机。张帆如饥似渴地学习当时国内顶尖的信息技术，无论是在课堂上还是实验室中，他都能迅速融入团队，那种相互启发、共同进步的学习氛围，让他收获颇丰。

除了学业外，人缘颇佳的张帆和沈南鹏一样，很早就将注意力投到商业领域。1990 年初，"中关村"三个字越来越频繁地叩击清华人的心。张帆听说有学长在那里开了一家小公司，销售计算机硬件产品，于是他主动联系、参与公司经营。

1992 年，张帆到了美国。因父母移民，他放弃学业，带着憧憬远赴大洋彼岸。但清华一等奖学金曾为他带来的那份荣耀与自尊，很快被现实击碎。在旧金山，他找到的第一份工作是餐馆服务员，因为分不清菜色菜名，仅半天就被老板解雇了。

张帆意识到，自己的优势是学习，否则就只能在美国打一辈子工。1993 年上半年，他开始出入社区学院，"恶补"了英文商业写作知识。1995 年，凭借托福和 SAT 考试的优异成绩以及清华大学和美国社区学院的学分证明，他从众多申请者中脱颖而出，直接进入斯坦福大学三年级攻读经济学。

1997 年，张帆顺利毕业，成为高盛亚洲投资银行业务金融分析师。在香港，他看到了金融危机带来的阴云，也看到这家深谙东方市场的老牌金融机构，是如何无视四处危机，逆流而上，迅疾地扩展整个亚洲的业务。在高盛，张帆初露锋芒，参与了中国移动、中国石油和记黄埔、新加坡电信等电信、媒体和高科技企业的并购和融资。

短短两年的经历，让张帆看到了无数金融人才终其一生也无法企及的精彩。他开始对投资产生了由衷的兴趣，深刻认识到资本市场在资源配置、风险管理、促进产业升级、提升国际竞争力、促进就业创业、财富增值等方面发挥着至关重要的作用，对国家发展、经济腾飞、社会进步和企业竞争具有深远意义。同时他也遗憾地发现，我国尚未诞生多少真正值得传扬的国际品牌。这正是他期待自己能投身的事业。

1999 年，张帆决定改弦更张。他不想再留在高盛为中国一些大客户服务，而是想要从零开始，从投资初创中小企业做起。

1999 年，张帆重回斯坦福攻读 MBA，机会悄然而至。在这里，他认识了德丰杰投资基金创始人 Tim Draper。

Draper 家族在美国从事创业投资近百年，是硅谷神话的有力参与者。作为家族第三代成员的 Tim Draper 也是斯坦福校友，他一手创办了德丰杰，总共投资了 200 多家创业公司，取得了赫赫声誉。

就这样，28 岁的张帆于 2001 年加入德丰杰全球创业基金。他随即向看好中国市场的 Draper 表示，不要再让那些"穿梭飞人"去中国投资，这样是不可能真正了解中国的。Draper 采纳了他的建议，几个月后，张帆就带着德丰杰亚洲副总裁的身份来到北京招兵买马，准备大干一场。三年里，张帆领投多家优质企业，推动空中网在纳斯达克的上市，仅这个项目，就让德丰杰赚了 25 倍，让空中网的创始团队笑得合不拢嘴，也让张帆升任德丰杰全球创业投资基金副总裁兼中国首席代表。2004 年初，张帆偶遇上海分众传媒创始人江南春，敏锐捕捉到楼宇电视广告的巨大潜力。他果断投资，凭借精准眼光和丰富经验，再次为德丰杰带来丰厚回报，巩固了其在亚洲创投界的领军地位。

这三年里，张帆的名字在投资界越来越响亮，而沈南鹏的名字也让他早有耳闻。类似的经历、共同的目标、类似的激情，让两人终于在投资分众传媒时一拍即合。以这家企业为交叉点，两条熠熠生辉的上升线即将相交，汇聚成茁壮成长的红杉中国。

走进红杉中国

在德丰杰的日子里，张帆意气风发，但他无法将这里视为归宿。他很清楚，每家风投企业都有自己的文化和风格，不可能为某个人改变。德丰杰有全球化视野，想要赶上国际主流风投进军中国的浪潮，但红杉资本毕竟曾经宣称从不投资距离硅谷 40 英里外的公司，他们缺乏对中国市场的深刻洞察，难以满足本土创业者的需求。即便有朝一日，张帆回到祖国，看中了好的投资项目，他也必须和位于旧金山的决策委员会反复沟通。这种汇报流程远隔重洋，很容易错失良机。

在意识到瓶颈难以打破后，张帆开始想要建立一支专注中国的投资基金，想要成立德丰杰的中国分公司。

恰在此时，沈南鹏也开始寻找志同道合的伙伴，实现从创业者转变为投资人。

携程上市的过程中，沈南鹏主要负责对接投资方，当站在这样的角度去观察投资过程时，他忽然重新理解了资本的力量。他发现，投资可以改变商业的格局，推动创新，甚至重塑游戏规则。而这些都是他在投行工作时所未能深刻体会的。特别是在携程成功上市后，沈南鹏的追求已非复制另一个携程，他渴望的是借助资本这双翅膀，构建一个前所未有的投资王国。后来他如此说："我决定做投资也是经过认真思考的，自认是适合做投资的，而且喜欢做金融，不喜欢做具体运营。我做投资也是回归自己的兴趣与特长、不做投资人太浪费了。"

严格来说，沈南鹏并未离开投资界。2003 年到 2004 年，他专注于携程、如家的创业和上市，也不失时机地以个人名义投资多家初创企业。最早的投资案例是手机游戏公司岩浆数码，后来以卖给华友世纪而宣告退出。最成功的案例是投资分众传媒和易居中国，实现成功上市并持续增长。此外，他还投资过中华学习网、一茶一坐、好耶广告等。这些个人投资经历，无疑拓宽了他的投资视野，也进一步加深了他对中国经济正处于高速发展阶段的坚定信念。

从大环境来看，2005 年初，中国风投行业已到了从全面复苏走向高速发展的关键节点。不少优秀企业家都在谋求入局。这一年 7 月，宇君离开金融界，以投资合伙人身份加盟 IDG 技术创业投资基金，2006 年 2 月，e 龙公司的创始人唐越宣布辞去 CEO 职务，组建规模超 1 亿美元的投资基金。这种从企业家到投资者的转变，折射出当时风投行业的热潮。

面对风起云涌的趋势，沈南鹏内心涌动着焦灼与期待。从企业家到投资者的华丽转身，既是顺应时代潮流的明智之举，也得益于他得天独厚的自身优势。沈南鹏虽年轻，但站在时代的前沿，坐上互联网创业这趟高速列车的头等车厢，这一领先位置让他足够熟悉风险投资的热点行业如软件、互联网、生物科技、通讯、电信等，进而握有了转型投资人的先发优势。这是他的底气，也是他的使命感。

恰在此时，沈南鹏从分众传媒那里得知美国红杉打算全面进军中国，由张帆成立红杉中国基金，这消息令他心动不已。

2005 年，红杉资本旗下共有 18 只基金，如 18 支英勇善战的军团，凭借总计超 40 亿美元的资本力量，分布在美国、印度、以色列及全球更多区域，时刻寻找并扶持具有潜力的创新企业，提供资金与战略支持，旨在在激烈的市场竞争中立足，并向更高目标迈进。

从成立以来，红杉资本先后投资500多家企业，已成功退出200多家，其中有130多家成功上市，还有100多家是以兼并收购形式退出的。红杉资本所投资的公司总市值已超过纳斯达克市场总价值的10%……

这样的成绩，令沈南鹏心向往之。他更向往超越前人，创造红杉传奇的中国版本。

当然，沈南鹏也并未盲目乐观。他了解红杉的谨慎细致。红杉所能取得的光辉投资业绩，不仅是方法的成功，也是人的成功。更确切地说，在于对合伙人的成功选择。从成立以来，红杉资本的合伙人之间，总是能形成一种默契的合作关系，这种默契既源于彼此共同的投资理念，也源于对投资对象的深入理解，对市场趋势的敏锐洞察。沈南鹏从红杉合伙人的默契中，看到其所具有的特殊投资基因。他曾和别人说："如果你最早投了苹果，可以说你幸运，可当你还投了雅虎、谷歌、思科、甲骨文等这样的公司时，你就会问，为什么这些人总是能找到最好的公司。"正确的合伙理念使这家公司不断做出正确选择，为创业企业雪中送炭，而非锦上添花。

沈南鹏想到了自己的投资经历，他知道那些个人投资更多是凭感觉。投资分众传媒时，仅因认识创始人江南春，和他吃了两顿饭，感觉良好，沈南鹏就提出了要当股东，后来便成为公司董事。这种基于直觉的投资决策如同双刃剑，既能带来成功的辉煌，也可能品尝失败的苦涩。在几乎同时投出去的另一个项目上，由于沈南鹏识人不准，结果几乎血本无归。

由此再回想到以前的投行生涯，沈南鹏对红杉更为敬重。投行和投资是不同的，前者面对的企业已较成熟，双方合作周期较短，投行仅在企业上市过程中通过承销来获利，随后就会分道扬镳。而投资则是当企业还在雏形时就全面进入，和企业共同打拼，至少有五六年同行时间，深入参与公司决策，形成紧密的合作关系。无论是在投行工作，还是个人投资，沈南鹏都未曾触及这样的高度。为了站上更为广阔的舞台，他必须紧握机遇，成功接过红杉中国抛出的橄榄枝。

2005 年 4 月，沈南鹏赴美国加州参加会议，随后联系了张帆，两人一见如故，对中国经济发展走向、创业企业投资理念大都不谋而合。这年 7 月，在张帆的引荐下，他又和红杉资本的创始人唐·瓦伦丁见面，深入交流后，唐对沈南鹏的洞察力和投资理念高度认可。最终，沈南鹏凭借其丰富的经验和独到的投资见解，成功加入红杉资本。

不久后，携程在丽江召开高管会议。会议间隙，沈南鹏对梁建章说："我找到一个更好的机会，要跟你'分手'了。"此时，携程刚上市两年，业绩光鲜，有大把的机会，但梁建章明显感觉到沈南鹏并非在寻找财富，而是找到了真爱。虽然情感上难以割舍，但他非常理解老友的选择，明白这是追求更高理想的必经之路。毕竟，创立一家成功企业是"四君子"当年走到一起的初心，如今，季琦已在汉庭继续创业，而梁建章也将于 2007 年辞任携程 CEO，到斯坦福大学攻读经济学博士学位，研究领域包括人口、创业及中国劳动力市场。

多年后，梁建章这样评价沈南鹏和红杉："他能够改变的不只是一个行业，而是各行各业，尤其是高新技术行业。对于推动整个社会的创新起到了巨大的作用。"

在梁建章理解的目光中，沈南鹏转身离去。

2005 年 8 月，携程正式宣布沈南鹏辞去公司总裁和 CFO 职务，投身红杉资本中国基金（Sequoia Capital China，简称红杉中国）。红杉中国首期基金规模 2 亿美元，周期 10 年。从此时开始，沈南鹏正式从企业家转型为投资人，即将书写专注中国风险投资行业的新篇章。

抢来的"众合"

红杉中国成立之初，沈南鹏被投资界理所当然视为"晚辈"。他虽谦虚自称 VC 新人，却展现出颇为果敢的投资风格，对任何展现高增长潜力的行业，都持积极态度。

沈南鹏拥有辉煌的创业经历，此时他迫切希望通过投资成果来证明自己。相较后来，此时的他更关注投资周期过长可能带来的风险。那时他曾说："如果资金投入后，未来 2-3 年有 30% 的回报，还是值得做的。但如果回报周期是 6-7 年，就需要慎重考虑风险问题。"

当然，"快进快出"只是沈南鹏此时投资风格的部分体现，并非他未来成绩的唯一来源，也无法解释 2006 年沈南鹏为何对奇虎 360、大众点评网做出的长线投资决策，沈南鹏本人对外界给出的某些评价也很不认同。但无论是红杉中国在创建一年内投出数千万美元，还是 2007 年投资乡村基（2010 年上市）、诺亚财富（2010 年上市），沈南鹏确实给人留下看准目标就会迅速出手的印象。

"抢来"众合保险的投资案例，充分体现了这种印象的成因。

众合是一家保险中介企业，在 2006 年的中国，保险中介尚属新生事物，中介公司大多受制于资金瓶颈而发展缓慢，这种困境，直到沈南鹏致电郑磊才出现转机。

郑磊初识沈南鹏时，后者尚未创业成功。那是 1999 年，郑磊个人投资数千万，和中国贸促会合作成立了北京中促经济技术有限公司（简称"中促"公司），该公司将原先的远程报税系统进行重组，转而为股民提供证券交易系统终端产品。股市的火爆带动了产品销售，形势一片大好，然而，这也加速了郑磊资金的消耗。他先与国内上市企业天歌科技合作，进行增资扩股，随即又想到了风险投资。正是在融资过程中，郑磊认识了时任德意志银行中国资本市场主管的沈南鹏。

这次相识并未改变中促公司的命运。公司最终未能融到资金，作为控股方的天歌科技在资本市场的表现也大受影响。到 2001 年底，中促由于后续资金不足而关闭。郑磊选择闭关学习，与此同时，沈南鹏却在携程、如家的创业路上高歌猛进。

2003 年，郑磊复出。这次，他深入钻研了携程与国美的互联网经营之道，并决定借鉴其模式，毅然踏入保险行业浪潮。他先在太原成立山西中保代理公司，在保险销售体系局部市场内试水。经过一年的努力，郑磊成功确立市场地位，并于 2004 年将业务扩展到北京，成立中国众合有限公司，当年实现 4000 万元的业绩收入。

经过两年努力，中国众合日趋成熟。它有了良好的组织团队，也形成了可复制的商业模式，发展为全国最大的保险中介公司之一，在北京、上海、广州、深圳、重庆、武汉、杭州等地都开展了业务，公司 2005 年的保费收入达 1.2 亿元人民币，在北京保险中介中排名第一。

看着不断攀升的业绩数字，郑磊信心满满，蓄势待发，为公司扩张做足准备。有了前车之鉴，郑磊对融资这件事格外重视，从 2005 年底开始，他不断约见和拜访各路风险投资人，2006 年 3 月，他先后接触了 4 家风投机构，分别是 IDG、联想投资、弘毅投资和美国富达。

郑磊对 IDG 公司在中国市场的丰富经验感到印象深刻，也对联想投资的品牌影响力有好感。然而，这些感觉并不能取代财务报表上的数字，他和多家风险机构轮番交涉，但始终在价格问题上存在分歧，导致融资进程再次停滞。

在焦急中，郑磊找到美林亚太中国区主席刘二飞，希望得到帮助。刘二飞坦诚相告，他的公司规模还太小，美林很难直接投资，但红杉中国的沈南鹏或许可以。

听到这个熟悉的名字，郑磊又惊又喜。他对沈南鹏创建的基金略有耳闻，但又听说该基金只投资互联网高新技术企业，萌生的心思又退了回去。听到刘二飞的建议，才让他心中的希望之火再度点燃。

2006 年 4 月中旬，沈南鹏突然拨通郑磊的电话。他开门见山地说："老郑，谁说我们只投新技术企业？我们什么都能投。其他几家你不用考虑了，我来为你融资。"

这通电话并非一时兴起，红杉中国成立后，沈南鹏就注意到正在崛起的保险中介行业，想要涉足其中。当刘二飞带来郑磊近况后，沈南鹏花费足够时间研究了保险中介的商业模式和市场现状。

沈南鹏很快就发现，保险中介公司想要有所发展，就不能拘泥于单一市场，而是要将已有的成熟商业模式扩大到全国范围，获得比保险企业更强的谈判能力，从而实现规模效益。反之，保险公司可能绕开保险中介渠道，以直销方式销售产品。

从数字上看，财险公司从成立到盈利需 3 年以上，普通寿险公司则需 7-8 年，在保险中介行业，这个盈利周期被拉得更长。但众合却独树一帜，凭借互联网技术构建覆盖全国的销售与管理平台，自 2003 年开业伊始便持续盈利。这种类似携程的新型服务模式，令沈南鹏眼前一亮。更重要的是，沈南鹏了解郑磊，认可其经验、能力和人品。这些都促成了他的果断出手。

同样，红杉品牌在风投行业的地位，加之沈南鹏创办携程、如家的经历，也让郑磊迅速对双方合作产生了期待。

但很快，郑磊又遇到新麻烦。

原来，就在沈南鹏打来电话之前，郑磊已和IDG、弘毅投资等机构谈及合作前景，虽价格尚未谈拢，合同没有签下，但与投资人之间相处得很愉快，也都成了好朋友。弘毅的投资人已买好去众合在上海、重庆等地分公司调研的机票。碍于面子，郑磊左右为难。

沈南鹏深知郑磊的为难之处，但在投资决断上，他从不受人际关系困扰，也不会轻易放弃。打完电话的当晚，他便催促郑磊将意向合同传真过来。拿到合同后，沈南鹏只是将投资方名字改为红杉中国，对郑磊提出的价格，他未做任何异议，就传了回去，并建议郑磊即刻签字。

郑磊内心的天平迅速向红杉中国倾斜。他未曾料到沈南鹏行动如此迅速，更从中窥见沈南鹏对众合保险坚定信心。

郑磊当晚没有签字。他提出折中方案：由几家机构共同投资。这个提议被沈南鹏"无情"否决，1000万美元的投资金额不算大，他不想和其他机构分享。

经过两天的思想斗争，郑磊终于同意签字，红杉中国以闪电战的方式，夺下保险中介新兴行业的风投第一单。而郑磊则忙了几天，四处请客"赔罪"。

2006年6月20日，红杉中国基金正式向中国众合有限公司注资1000万美元，吹响中国保险中介行业商业模式转型的冲锋号。这些资金后续用于在全国各大中城市开设分支机构，以撬动庞大且尚未触及的保险市场。

2007年末，沈南鹏再次出手，向众合发起第二轮融资。当时，郑磊对众合的未来颇有信心，他表示，第二轮融资的基本完成，为众合在2008年登陆纳斯达克奠定了坚实基础。上市这一现实目标的背后是否有沈南鹏的影子？人们不得而知。

尽管由于种种原因，众合最终未能在纳斯达克上市，以被收购宣告红杉资本退出。但通过这次闪电投资，创业者和投资界见识了沈南鹏理性外表下的桀骜不驯，也看到了他的野心与手腕。

不过，这并非全部的沈南鹏。几乎同时，他还完成了一次充满温情和人文关怀的投资，参与缔造了影响数亿人童年的中国动漫明星。

守护"虹猫蓝兔"

2006 年 4 月，北京红杉资本基金的办公室里，依稀传来楼下车水马龙的喧闹声。沈南鹏的案头放着一份动漫产业报告，"迪士尼在中国衍生品市场年收入迅速增长"的加粗文字显得格外醒目。他刚刚读完这份报告，若有所思地转过身去，看向靠墙柜子里摆放着的几本动漫书。那并非他为自己准备的，而是 7 岁女儿的心头好。

和绝大多数幸福的孩童一样，女儿喜欢动漫，尤其喜欢迪士尼。从米奇到米妮，再到小熊维尼，说起来如数家珍，模仿得惟妙惟肖。每当周末，沈南鹏从北京飞回位于香港的家，女儿就总会拉着他一起看动画片。

沈南鹏享受和女儿在一起的时光，但他总觉得，荧屏上跃动的动漫形象似乎少了些许灵魂，它们源自遥远的彼岸，根植于另一片文化沃土。那里幽默与温情并存，却唯独少了那份深深植根于中华大地的文化底蕴。

早在女儿出生后，沈南鹏在国内各地出差时，总想给她挑选一些有中国特色的卡通玩具，但每次都会空手而归。

"那些曾经让我们激动，给我们启迪的齐天大圣，到底哪里去了？什么时候，孩子能看到中国人自己的优秀动漫作品？"这些问题时常在沈南鹏的心中盘旋，最终促使身为投资人的他，将这些思考纳入工作日程中。当家庭角色与社会角色在动漫领域产生交集，沈南鹏希望找到最有实力的动漫公司，并帮助它一起成长。很快，一家企业的名字进入视野，那就是湖南长沙宏梦公司。

宏梦的创业历程，称得上平稳而坚定。2004年5月，王宏和贺梦凡凭着一腔热情，拿出多年积蓄，凑了6000多万元成立宏梦卡通公司。因在影视圈有多年积累，他们还请来了作家余华、美术家韩美林担任公司顾问。

王宏和贺梦凡并非一时兴起，他们手中有牌可打。

时间回溯到1997年，卡通与北京三辰王宏董事长孙文华合资成立了湖南三辰卡通公司，王宏任总裁。这年6月1日，一档名叫《蓝猫淘气3000问》的卡通节目横空出世，在全国上千家电视台播出，迅速在亿万儿童和家长心目中占据了重要分量，王宏也被称为"蓝猫之父"。这一称号让王宏萌生二次创业的想法。他离开三辰卡通时，带走公司股权折现的5000万元，自信能够将"蓝猫"做成中国的迪士尼。

王、贺联手后，很快就做出了成绩，公司拥有了一定规模的动漫产品制作能力。但残酷的现实开始击碎他们美好的愿景。随着技术迭代，动漫产品的生产成本节节攀升，国内电视台的收购价格极低，而衍生周边产品的开发推广渠道尚不成熟，无法及时跟上。在不断的"失血"中，公司资金链濒临断裂，6000多万元注册资本即将告罄。

危急关头，余华站了出来。余华是海宁人，与海盐出生的沈南鹏同为浙江老乡。作为文化圈著名作家，他对投资圈亦不陌生，当他得知沈南鹏对动漫行业的投资兴趣后，他立即向其推荐宏梦卡通。

余华形容沈南鹏和王宏"一见钟情"。王宏很喜欢沈南鹏，创业多年，他接触过数不清的基金经理人，但没有一个人像沈南鹏那样，在半天谈话中就清楚了解企业的现状与未来发展方向，并精准指出其价值所在。沈南鹏的深刻洞察力，让王宏如遇知音，而沈南鹏也看到了王、贺的创业热情。他觉得这家公司的实力不仅能保证产品质量，也易于打造有价值的文化品牌，而这正是沈南鹏所期待投资的企业。

在双方首次面谈后，沈南鹏就决定了投资。这标志着沈南鹏领导的红杉资本首次涉足文化产业，此前，他用了六个月的时间进行深入考察与周密思考。

2006 年 5 月，红杉中国向宏梦卡通投资 750 万美元，共同组建了宏梦数码 (湖南) 有限公司，专注于"虹猫蓝兔"系列动画衍生产品开发、生产和经营。

资金到位只是第一步，沈南鹏加入宏梦数码董事会才是真正的开始。他基于对公司的深刻洞察，组建专业的财务管理团队。同时，他还帮助企业挖来实力强劲的开发和营销团队，专门为动漫衍生产品的市场营销服务。就这样，宏梦卡通逐渐呈现出完整的人才和组织结构，其运营管理水平实现了质的飞跃，迅速交出了一份令人瞩目的成绩单。

2006 年，宏梦卡通推出的《虹猫蓝兔七侠传》大受欢迎，率先在央视少儿频道黄金时段播出，赢得了全国小朋友们的喜爱。一时间，街头巷尾随处可见"虹猫""蓝兔"的形象，随处能听到充满童真的歌声。

宏梦卡通抓住机会，迅速推出各类衍生产品，带来了前所未有的品牌荣誉。

在图书市场，《虹猫蓝兔七侠传》动漫图书在 2006 年 9—12 月的短短三个月内，销量突破 1000 万册，创造了中国原创少儿动漫图书的销售神话。

宏梦卡通开始拓展多元化市场。有了资金的加持，他们在全国 500 多家地方电视台播放动漫节目，以此换取大量广告时段，开展广告销售业务。随后，公司还开发了印有动漫形象的服装、文具、日用品、儿童食品及药品，并与常州中华恐龙园、张家界景区合作，在景区上演专属动漫故事，以吸引更多游客参观，从中获得门票分成。

一系列的成功，让王宏收获了广泛的赞誉与热烈的掌声。红杉中国原本给王宏设定的时限是 2008 年，但宏梦卡通竟在短短两年内达到了预期目标。沈南鹏的高兴不仅源于投资回报，更源于"父亲"角色的成就感。

2007 年，在沈南鹏的推动下，宏梦卡通正式收购三辰卡通，红杉中国领衔追加超亿元人民币的投资。此后，宏梦稳步前行，直到 2015 年由于种种原因被四川圣达收购，红杉资本也实现了盈利退出。

如今，"虹猫蓝兔"虽不再是国产动漫的主角，却是中国动画的巅峰之作，深受 80、90 后观众的喜爱，成为一代人的童年记忆。当年追剧的孩子，如今已是社会的中流砥柱，但在中文互联网的各个角落，仍能见到他们对宏梦卡通的追忆。对沈南鹏而言，这是他第一次投资文化产业，但更值得铭记之处在于金钱背后的意义，正如他在 2006 年 CCTV 中国经济年度人物颁奖典礼上提到的那样，他为中国孩子打造国产动漫的愿望实现了。

领"利农"走向丰收

沈南鹏进入风投圈一年内，成为最受关注的"新人"，而他的投资行为也屡屡令人刮目相看，甚至出人意料。2006 年 5 月，红杉中国对福建利农集团投资的 500 万美元，就是当时的经典案例。

顾名思义，利农与农业产业密切相关，其创始人马承榕以种植西兰花起家，逐渐发展起这家以生产有机蔬菜为主，涵盖研究、育种、种植、加工、贮藏等环节的农业企业。在欧美，这样的企业从来就不在红杉资本风险投资的考察范围内，但在 21 世纪的中国，这类企业却得到了沈南鹏的青睐。不仅如此，沈南鹏还说，自己是"追着"马承榕谈，才拿到了投资权的。

沈南鹏并非突发奇想，而是早就意识到了农业领域的潜力。早在 2000 年 12 月，福建超大现代农业集团在香港联合交易所成功上市。这让沈南鹏开始关注农业领域的创业可能性。2004 年，中绿食品集团有限公司在香港上市，这标志着农业板块在资本市场中的重要性得到了进一步确认。如果红杉中国能找到优质的农业企业，就能让投资者和创业者双方获益共赢。

为此沈南鹏总结了超大农业和中绿食品的成功经验，发现其迅速上市的优势建立在对农业产品的改良上。以超大为例，他们坚持"走绿色道路，创生态文明"的理念，集中资源投放在绿色生产资料开发、绿色农业科技研发、绿色生产基地建设、绿色营销网络拓展等方面，建设了独有的绿色生态产业链，覆盖从种子、有机肥料、生物农药供应到农产品的生产加工、社区连锁专卖、单位配送、批发营销、出口创汇等环节。

为了发掘下一个像超大这样的企业，沈南鹏一直在不懈寻找。2006 年，他终于找到了马承榕。马毕业于福建师范大学，曾担任超大的副总裁，精通现代绿色农业生产种植基地的策划、建设等业务，对产品的宣传、销售和物流的管理也十分内行。2004 年，他离开超大，创建福建利农集团，公司总部设在香港，农业基地在福建。三个月后，利农旗下已有三个西兰花生产基地，在大面积种植的同时，马承榕将"农业生产工厂化"作为思考的核心，他计划引入工业流程化作业的理念，以此革新传统农业的生产经营方式，将农产品的研发、种植、加工、销售等环节像工业流程一样进行细分管理，从而实现对成本和品质的有效把控。

因为同在香港，沈南鹏和马承榕的沟通很直接，他立即意识到，利农的运营模式接近携程和如家的思路，非常适合资本市场的眼光。马承榕已经成功研发出一套可复制的生产与管理模式，该模式一经投资推广，便能孕育出既安全绿色、品相上乘且包装精致的蔬菜产品。

为了实现这个模式，马承榕已经做了大量准备。他先是通过亲力亲为的农田试验，确保蔬菜品种的质量优势，找出那些产量高、抗病性好、外观良好的蔬菜产品。其次，利农组建了一支专业的市场调研团队，他们深入各大城市，精准把握人们的消费习惯，细致分析蔬菜销量与价格变动趋势。更为关键的是，利农已积累了丰富的营销渠道建设经验，他们正以福建市场为起点，稳步向全国拓展，成功打通高端商超渠道，将优质产品直接送达消费者手中，从而全面塑造和提升品牌形象。

沈南鹏用很短的时间了解清楚这些，随后就"迫不及待"地向利农投资了 500 万美元。2006 年 5 月后，利农开始扩张，在福建、广东等重点城市的周边建设蔬菜种植基地，蔬菜产品不仅在国内销售，也面向日本、韩国等市场销售。由于发展态势良好，之后的 2007 年和 2008 年，红杉资本又对利农集团进行两次注资，其中 2008 年更携手海纳亚洲注资 3000 万美元。

到 2010 年时，利农集团已今非昔比，其在 6 个省布局 15 家农场，蔬菜种植基地总面积上万亩。2010 年 10 月 29 日，利农集团在美国纳斯达克上市，共募集上亿美元资金，公司市值超过 4 亿美元。经此一役，无论是创始人马承榕还是红杉中国，都获得了巨额的财务回报。

利农集团只是沈南鹏在农业领域的初次投资，虽然此后红杉中国将科技、医疗和消费作为三大主要投资领域，但在农业领域的投资步伐却从未停下。2010 年到 2020 年之间，他们陆续出手，投资了 9 家农业相关企业，其中既包括农村小额信贷机构、农田大数据服务平台，也包括农产品电商、水果零售连锁平台，既有"隆平生物"这样的行业明星，也有"十月稻田"这样的国民品牌，总的投资逻辑为"长线布局，投少投精，投早投新"。其中，最值得关注的莫过于"一亩田"。

"一亩田"全称为北京一亩田新农网络科技有限公司，主要为农产品交易者提供全面的线上交易服务和线下对接服务，可以看成农产品领域的"阿里巴巴"。正因如此，红杉中国早在 2013 年就作为唯一投资方参与了其 A 轮融资，投入数百万美元，到 2014 年 4 月，一亩田 App 上线，覆盖面积随之扩大。当年 7 月，红杉中国跟投 B 轮融资，总金额达到 2000 万美元。2016 年底，红杉中国继续跟投 C 轮融资，金额同样在数千万美元。

充足的资金支持为一亩田的用户数据增长注入了强劲动力。到 2018 年年初，其 App 用户数量突破千万。2019 年，红杉中国再次跟投

C+ 轮融资，融资数量达到数亿元人民币，这年底，一亩田的用户数量超过 2000 万。

在连续四轮的融资追投中，红杉中国始终陪伴一亩田，参与其成长过程中的每一个重要转折点。以 2020 年之后的成长表现来看，一亩田有冲击上市的可能，红杉中国多年如一日的投入有很大希望迎来完美退场。

农业的发展不仅依赖高科技和现代商业模式的引入，更离不开资本的持续投入和高效运作。"利农"走向丰收，是红杉中国为这一古老产业注入新活力的开篇，从投资之初到未来，沈南鹏和他的团队将不断与创业者携手，为农业发展创造更多机遇。

第七章

上市大志逸四海

21世纪初，中国经济高速狂飙，成为全球经济发展的亮点。沈南鹏也挥舞着红杉中国的巨笔，不断为优质企业描绘海外上市的蓝图，参与重塑市场版图的进程。

是的，只要有市场，永不停歇的竞赛就会上演。沈南鹏志向远大，他想的不是推动一两家企业成功，而是培养一批批优秀的选手，将他们送上各自的征程，直至见证他们脱颖而出、成功上市、问鼎巅峰，随后他悄然离去，满载而归。这是风投人的责任，也是他们与生俱来的使命。

在沈南鹏的投资逻辑里，没有任何行业是孤立的，他也很少用"传统"或"互联网"的标签来区分其价值。无论他在资本棋盘上如何精心布局，其终极愿景始终如一，即将每一步落子、布局、收官的精妙运作，转化为重塑市场未来的力量。

投资奇虎，看重潜力选手

2011 年 3 月 30 日，奇虎 360 公司正式在美国纽交所挂牌交易，红杉中国在这次投资中获得了 72 倍回报，约为 5 亿美元。这是沈南鹏创立红杉中国后，投出的第一个互联网企业项目。

时间回到 2006 年初的一天，北京人民大会堂外细雨绵绵。刚参加完会议的沈南鹏遇到了周鸿祎。两人恰巧都在等车，便随口聊了几句。

沈南鹏说："你有什么项目在做要找投资？如果你这边自己在做公司，或者投资什么公司，一定要告诉我。"

周鸿祎立即想到了奇虎项目，便简单介绍了两句。车来了，两人匆匆道别。

此时的沈南鹏，在投资圈几乎还是个新兵，虽然表面不动声色，但内心是迫切焦急的。怎么办？他只能靠人脉找项目。于是，不论旧识新友，也不分场合环境，只要交谈起来，他都会将话题往红杉中国上引。

"奇虎"这个词，伴随着那天雨丝飘到伞顶的声音，钻进了他的心门。巧的是，两人第二天又在离京的飞机上相遇了，这次畅谈后，沈南鹏看准了奇虎是绝佳的投资机会。

等他回到上海的办公室后，立即打电话给周鸿祎，不久后又是第二个、第三个、第四个……终于，周鸿祎被说服了，他开始为沈南鹏和奇虎牵线搭桥。

奇虎这个名字，源于人名和企业品牌的组合：奇是齐的谐音，虎则是雅虎公司。2005年9月，原雅虎中国副总裁齐向东离职后创立奇虎网，他将网站的发展定位于Web2.0搜索上，专注于论坛和社区的深度挖掘，精心识别并筛选出高价值内容，再以网民喜闻乐见的形式呈现，让网民更便捷地从互联网大海里捕捞到想要的信息。

奇虎网刚创立时，员工大部分来自齐向东在三七二一和雅虎中国的旧相识，他们都经历过中国互联网的起伏风浪，既有很强的技术能力，也有丰富的行业经验。周鸿祎也是其中一个。

早在1999年，担任新华社通信技术局副局长的齐向东，主管技术规划、培训工作，认识了北上打拼多年的周鸿祎。2003年8月，齐向东从新华社离职，加盟了周鸿祎创立的北京三七二一科技有限公司，任总经理。不久后，雅虎收购三七二一，周鸿祎、齐向东分别担任雅虎中国正副总裁。

2005年，拿到最后一笔收购金后，周鸿祎离开雅虎，齐向东也随即离开。齐向东很快又创立了奇虎网，而周鸿祎名义上还只是天使投资人。不过，随着时间的推移，他在奇虎团队中的角色愈发清晰。

沈南鹏当然清楚周、齐两人的渊源，也相信他们的能力和经验，这份信任正是沈南鹏投资奇虎的主因。

当时，奇虎还处于团队组建阶段，公司在东三环边上的雨霖大厦租了个小办公室，只有三十多个工位，不到一个月就被闻讯而来的旧部们坐满了。为了扩大办公空间，他们不得不在旁边租用了一个仓库，用作临时办公室。

办公环境的简陋只是表象，奇虎公司具体要做什么也并不清楚，所谓的Web2.0技术应用，当时仅停留在方向层面，甚至连商业计划书都没有准备好。

但沈南鹏认准的事情就一定会做下去。

齐向东后来回忆说，沈南鹏来到奇虎，并没有谈商业条件，而是三个人一起谋划奇虎商业模式的未来方向，这种讨论不像是投资人和创业者之间应有的话题，但顿时激活了双方的共同语言。齐和周两人详尽地阐述了他们对中国互联网的理解，而沈南鹏则分享了自己对美国互联网的洞察以及对未来发展趋势的预测，为奇虎今后的战略定位和发展提供了宝贵的参考。

这次沟通让齐向东印象深刻，他觉得这是其他的风险投资机构无法给予的。此后，还有其他风投机构找到他，但都没能让他改变主意。甚至连奇虎的商业计划书，都是奇虎和沈南鹏等投资人共同做出来的。

2006 年 3 月，正式成立不到 100 天的奇虎与多家风险投资机构签订了融资合同，投资者包括红杉中国基金、鼎晖创投、IDG 等。2006 年 11 月，奇虎再次获得红杉中国基金领衔的联合投资。一年之内，奇虎连续两次得到沈南鹏的青睐，这让业界为之侧目。不少人发现，自红杉中国基金创立后，先是张帆投资了主打电视导视和广告业务的亚洲传媒，而沈南鹏随后又对互联网创业团队投资，这似乎并未完全沿袭红杉美国的投资风格，难以窥见其投资组合的连贯脉络。然而，只有深知其中奥秘者才明了，这正是红杉投资在全球布局分支机构所展现的独特魅力：当红杉涉足新市场，无论是中国还是印度，当地团队既能借鉴美欧的成功经验，又能依据自身理解，发掘前所未有的机遇。

在美国，高科技创业浪潮早在几十年前就已兴起，红杉一路追随投资，逐渐聚焦于科技领域。而在中国，互联网创业的序曲直到 21 世纪初才奏响，这里蕴藏着无数巨大的机会，沈南鹏必须敢于独立冒险，敢于考察那些概念新颖、技术独特、商业模式有长远价值的先行者，他不可能拘泥于中美之间的比较，也无法完全照搬大洋彼岸的成功案例。

因此，除了投资"人"之外，沈南鹏投资的就是企业的"潜力"。实际上，在成立的第一年里，红杉中国接到了上千份商业计划书，沈南鹏整日奔波，不停地和客户见面，见了足足有三四百人。但他想听到的不是短期内能赚多少钱，而是能否贯彻自己的投资原则。沈南鹏曾说："我们首先考虑这个企业未来5年甚至10年会有怎样的发展轨迹，它能否成为那个细分市场的领先者，是否有持续成长的潜力，而不是一年两年的快进快出获利，从一级二级市场套利。"没有商业计划书的奇虎之所以能打动沈南鹏，除了齐、周的个人因素外，就在于奇虎的潜力让沈南鹏能看到希望，也与红杉资本的投资理念不谋而合。

沈南鹏的确没有看走眼，奇虎后来的故事尽人皆知：2006年7月，奇虎公司正式推出360卫士，2008年，周鸿祎在同行的骂声中高调宣布向用户提供永久免费杀毒服务。随后，360的用户数量不断增加，品牌知名度不断提升，周鸿祎将免费模式和增值服务的招式打得虎虎生风。

投资奇虎只是试水，它验证了沈南鹏的投资体系。他相信，凭借这套行之有效的投资体系，定能迅速发掘新的潜力股，进一步发挥其价值。

但沈南鹏毕竟是风险投资的新人，他未曾料到，红杉中国创立以来面临的最大挫折即将到来。

走出退市阴影

风险投资是应对风险的投资，也伴随着投资带来的风险。"投资"是对创业者最好的认可与褒奖，而"风险"，则是投资人必须承担的担当与责任。选择了这一行，就注定既要面对波谲云诡的市场，也要面对复杂难测的人心，在历经风浪洗礼后，投资人仍需挺直腰板，对未来许下承诺。

如同在全世界那样，风险投资行业在中国的发展，也和项目的高失败率结伴而行。以 2000 年互联网泡沫破灭为例，尽管新浪、搜狐等公司成功上市，但背后有数百家初创互联网企业失败。在此之前，更多的早期风投项目也因为盈利模式模糊、资金链断裂等原因被淘汰。到 2006 年，尽管投资环境发生阶段性转变，但看似繁荣的表象下，风投行业仍处于高失败率的困局，项目成功率不足 10%。此时的风投行业，既要面对本土市场的水土不服，也要面对产品技术、商业模式和创业者团队三重风险的博弈，即便是成功案例，背后也有数十个失败项目作为铺垫。

刚成为投资人的沈南鹏，参与了红杉中国初创期的每个项目，但并非每个项目都尽如人意。其中，亚洲互动传媒的惨败退市，为红杉中国日后发展提供了经验教训。

2005 年 9 月，红杉中国刚完成资金募集，张帆便将第一笔资金投向亚洲互动传媒。这个幸运的公司原名北京宽视网络技术有限公司，创始人名叫崔建平。此人毕业于清华，是典型的"理工男"。他对享受没什么兴趣，除了创业，只喜欢埋头钻研技术。正是凭借这份专注与执着，他在短时间内迅速崭露头角，实现了事业的飞跃。2002 年 4 月，他投资 15 万美元，成立北京宽视网络技术有限公司，2004 年 7 月，他成立亚洲互动传媒有限公司，将前者变成后者旗下的全资子公司。

当时，电视是绝对的强势媒体，但也开始面对新媒体的冲击。由于竞争加剧，各家电视台对节目预告很是重视，亚洲互动传媒正是抓住这一机遇，以技术为先导，通过互联网和有线电视平台，成功将频道导视和广告代理业务蛋糕抓到自己手中。

电视媒体是传统行业，这似乎和美国红杉的传统投资方向不太符合。但张帆对亚洲互动传媒的未来非常乐观，他认定将来收视率最高的是导视频道，人们为了解电视节目，会争相收看导视频道，在导视频道上投放的广告，必将吸引大量观众。

沈南鹏从传统旅游业起家，并不回避传统行业。他相信，只要有收益前景，即便是"红海"，也能捞到大鱼。在他的支持下，2005 年 10 月，红杉中国向亚洲互动传媒投资，张帆进入该公司董事会。此后，多家日本和美国的投资机构也纷纷跟进，2007 年，亚洲互动传媒在东京证券交易所上市，一度为红杉中国带来将近 7 倍的账面投资回报。

据说，由于亚洲互动传媒是第一支登陆日本资本市场的中国企业股票，因此很受当地华侨华人的欢迎，许多人都带着激动的心情购买了新股，想要见证来自祖国的股票如何成长。

天有不测风云。仅过了一年，亚洲互动传媒的会计师事务所突然拒绝为其出具 2007 年年报的审计意见，原因随后被曝光：崔建平在未获公司董事会同意的情况下，将 1.096 亿元公司定期存款资产挪用，为第三方企业海豚科技的贷款作担保，这一违规操作引发了公司财务危机。

消息一出，股价暴跌，日本投资者用激烈的言语表达不满。2008年8月，崔建平提出辞职；9月，亚洲互动传媒退市；12月，张帆从红杉中国离职。

眼看着正常的投资退出计划中断，合伙人离开，沈南鹏内心滋味可想而知。亚洲互动传媒虽有11家投资机构，但红杉中国作为第二大股东，对如此严重问题难辞其咎，理应反思。

但沈南鹏应该反思什么呢？从头至尾，红杉中国基金都没有任何违规操作，至于他和张帆个人，更是对挪用公司资产的事情一无所知。

事实上，时至今日，无论是日本资本市场还是中国媒体界，对亚洲互动传媒的这段往事，多数人依然知之甚少。人们只知道从那以后几年内，任何国内民营企业到日本上市，都很难吸引投资者了。

当负面消息初现时，沈南鹏无疑难以理解崔建平之举。常理而言，亚洲互动传媒股价攀至高峰，崔建平凭其37%的股份，身价跃升至28亿人民币，他缘何要挪用1亿资金而放弃如此庞大的财富？

直到亚洲互动传媒退市，崔建平都没有解释其中的原因，沈南鹏对此也三缄其口。外界只能推测崔建平"或许对上市公司内控知识了解不足"，也有人认为，资金使用的最大可能，是亚洲互动传媒希望进行一些不适宜公布的资本运作。当公司需要进入新的广告市场时，需要较大规模的资金铺垫，表外运作才能让公司利润不至于受影响。

红杉中国在亚洲互动传媒事件中，未能有效监管崔建平的决策和资金运作，这违反了上市公司高管应遵循的董事会批准程序。崔建平作为CEO，擅自挪用大额资金，这一行为不仅违反了公司治理的基本原则，也暴露了当时红杉中国在监管意识和能力上的不足。

沈南鹏显然意识到了这一点，并发现投资和创业之间的差异中，风险种类是不可忽视的因素。创业时，沈南鹏会首先建构自己的行事底线，其原则之坚定，常令外人误以为他过分谨慎。例如，草创携程之初，尽管他个人投资最多，但还是低调地推辞了总裁的职位。

然而，经历挫折的沈南鹏终于看懂了现实，并非每个人都会如此自律。一旦选择了投资者的角色，他就有义务去"盯"住投资对象，预判和防范那些意想不到的风险。这些风险不仅会来自商业竞争，也可能来自创业团队甚至创始者本人法律和道德意识的欠缺。

沈南鹏汲取了教训，迅速强化红杉中国的风控体系，严格审查被投企业的财务和管理流程。此后，再也没有发生过类似亚洲互动传媒这样的事情。

麦考林进退风云

成立不到三年，红杉中国犹如一辆动力澎湃的赛车，在沈南鹏和张帆的驾驭下，在投资赛道上飞奔。红杉中国共募集了9.5亿美元基金，投资项目起40家，涉及领域广泛，从互联网、软件、媒体、娱乐，到连锁餐饮、保险、理财服务，再到生物医药、焦炭企业、新材料、农产品等，呈现出高度多元化的投资风格。

在表面上庞杂交织的投资线之下，实则隐藏着沈南鹏对大势的判断。早在几年前，沈南鹏就有预感，消费类产品的需求即将爆发式增长，携程和如家的成功都有力印证了他的敏锐眼光，而现在，他选择投资的每个企业，都距离消费产业升级下的市场机会更近。

2008年，全球金融危机爆发。幸运的是，沈南鹏提前捕捉到了金融风暴迹象，从2月开始，红杉中国未进行新的追加投资，理由很简单：股价下滑，但企业估值未降，沈南鹏决定暂缓投资节奏。

但放缓并非等于停步，沈南鹏在保持谨慎的同时，仍然在不断考察企业，寻找好的出手机会。不久，他果断投资电商麦考林，让资本再次随消费节拍起舞。

麦考林成立于1996年，全称为上海麦考林国际邮购有限公司。这是一家传统意义上的"电商"公司，在那个只能靠邮政快递承担小件物流的时代，麦考林凭借实体店铺、电话邮购、电视购物等渠道，硬是将自己打造成为上海女性消费者喜爱的快时尚服装品牌。

麦考林不仅抓住已有的市场资源，也并未错过互联网时代的开端。2000年4月，在以美国华平基金为首的风投注资下，"麦网"正式上线，麦考林闯进互联网电子商务领域，业务覆盖全国，将互联网和实体销售结合。此时，距离淘宝网的诞生还有三年，而沈南鹏还是美国投行的普通员工。

时光荏苒。2008年4月，沈南鹏对麦考林志在必得。他代表红杉中国宣布，斥资8000万美元收购麦考林大部分股权，使红杉中国成为绝对控股方。华平基金全面撤出，12年间，华平最初投入麦考林的资本增值一倍。

这是又一次经典的闪电战式收购，沈南鹏仅用不到20天，就和麦考林原管理层达成共识，算上法律等程序，真正确定也只用了三个月。沈南鹏如此迅疾地投入巨资，自然是对麦考林的未来抱有极大期许。他亲自担任麦考林董事长，红杉中国副总裁余根灵加入董事会，麦考林原CEO顾备春则继续留任。随后的两年里，沈南鹏再次按照熟悉的方式，操作起麦考林的上市路线。

为了加速上市进程，沈南鹏精心挑选了"多元化零售渠道"这一创新概念，将其作为向美国资本市场讲述的亮点。尽管他此时投资的宏梦卡通也在尝试用不同渠道营销产品，但麦考林在这方面的特点更为明显，也更有吸引力。当时，以互联网平台构建多种销售渠道的企业，在中国多如雨后春笋，但像麦考林这样同时具备线上、线下和邮购三种销售渠道的企业则极为罕见。

多元化零售的故事，再加上炙手可热的B2C概念，以及动辄以亿计的消费群体，都让美国投资者分外着迷，也让麦考林的上市之路变得异常顺畅。2010年10月，麦考林成功登陆纳斯达克，成为中国"B2C"多渠道零售第一股，首日股价飙涨57%。沈南鹏的策略再次被证明是有效的，麦考林的市值迅速攀升，成为红杉中国投资组合中的明星企业。

但退市的阴影再次笼罩。麦考林与海外投资者的蜜月期并不长久，他们很快遭遇了业绩下滑和市场质疑的双重打击。2013 年 12 月 2 日，麦考林公布第三季度财报，显示净亏损 500 万美元，较上年同期有所减少，但市场反应不佳，导致股价大跌 9.74%，一度跌至发行价的十分之一。次年 3 月，红杉中国向新浪和中国动向集团出售股份，获得 1 亿多美元的收入，并逐渐选择淡出。

与此同时，国内外大部分质疑声指向了红杉中国，认为这起上市案例对红杉固然谈不上失败，但对麦考林的打击是显而易见的。部分人认为，沈南鹏拿到企业控制权后，采用各种手段降低成本，让企业的商业模式尽快成型，让财务数字变得更漂亮，从而快速上市并得到回报。正是这种短视的策略，导致了麦考林最终在 2016 年走向退市，而红杉中国却早已全面退出，且获利颇丰。

对于这类指责，沈南鹏并未正面回应。以他的性格，很可能根本就没有听进去。如今看来，尽管指责有其合理成分，但麦考林所面临的挑战主要源自市场环境的变动，而非单一投资策略的失误，因此将责任完全归咎于沈南鹏显然有失偏颇。

麦考林上市结局不佳，继续验证着风险投资的残酷性，但它从高峰滑落的曲线，并未减缓沈南鹏身价的增长，更不会妨碍红杉中国基金将一家又一家公司送往纳斯达克。2010 年，红杉中国投资的高德软件、乡村基、新高地科技、利农国际和诺亚财富都陆续进入美国资本市场，沈南鹏迎来了创立基金后的全面丰收季节。

将乡村基讲给纽约听

2010 年 9 月 28 日，乡村基在纽约证券交易所成功上市，成为中国餐饮业登陆美股的先驱。上市首日，乡村基获得了近三十倍的超额认购并大涨 47%，着实在当时吸引了许多人的眼球。谁也没想到，这家曾经看似普通的重庆快餐品牌，居然能在改名后数年迅速崛起，成为资本市场的宠儿。而在其背后，则是沈南鹏的精准布局和高效运作。

沈南鹏了解美国人，更了解资本市场，他深知华尔街除了看创业者的经营业绩数据，也要看企业发展的故事走向。中国的十几亿人口，为本土餐饮行业提供了最大的发展想象空间，如果能在此基础上，找到有业绩、有故事的一家快餐品牌，精心打造成国际化的投资新星，就一定能吸引华尔街的注意力。

乡村基正是这样的品牌。

1996 年，在重庆解放碑群鹰广场，李红和张兴强夫妇开了一家快餐店。这家店取名乡村鸡，主打川渝特色菜品，生意并未如预期红火。随着肯德基杀入重庆，李红目睹对面洋快餐排长队的盛况，将汉堡、炸鸡、薯条等西式快餐一股脑塞进菜单，被戏称为"重庆肯德基"，但生意反而更差。

西化尝试以失败告终，李红却悟出了道理：做餐饮不能贪多，要专精一个方向，才能打出名气。她决定先砍掉洋快餐业务，再将 12 元中式快餐做到极致。此后，这家店的宫保鸡丁只用鸡腿肉，泡菜萝卜必须是当年现腌，米饭也只用正宗东北五常大米。靠着高性价比，乡村基在川渝地区迅速走红，口碑相传，最火爆时，仅解放碑店一天就能翻台 23 次，单店月流水超过百万元。此后的十年里，乡村鸡没有大规模扩张，而是确立中式快餐厅的定位，并且真正开始向肯德基学习，摸索建立了一套标准化运营流程。这个标准很细致，单是煮饭，就包括大米要洗几遍、浸泡多长时间、以多少压力和水温蒸多长时间等。菜品也同样如此，包括原料如何处理、切成什么形状、多大尺寸，配料表也要精确到克。这样的流程复制推广起来很不容易，在整整十年里，乡村鸡也只开了 10 家直营餐厅，并在 2006 年改名为乡村基。

转折发生在 2007 年。这一年，沈南鹏出差到重庆，偶然看见了乡村基门前的排队盛况。出于投资人好奇的本能，他进去店内一探究竟，没想到味道意外的好。随后，沈南鹏花了四个多月时间，终于联系到了李红夫妇，深入了解其经营理念和发展潜力后，红杉中国联合海纳亚洲注资 1300 万美元。

拿到了第一笔融资后，李红顿时有了胆气。据传，尽管沈南鹏曾建议'稳健前行'，李红却敏锐洞察到 2008 年全球金融风暴中的机遇，毅然在餐饮行业实施'抄底'策略。短短一年内，乡村基全面铺开战线，从重庆发展到成都，增开餐厅 30 多家。当年，乡村基营收 2.31 亿元，同比增长 524%。2009 年，营收达 4.94 亿元，同比增长 214%。2010 年，乡村基的门店扩张到 100 余家。

看到乡村基的发展如此迅速，沈南鹏认为这是上市的好机会。在他的策划协助下，乡村基通过各种方式，向美国资本市场讲述了"中国麦当劳"的传奇故事，充分吸引了投资人的眼球，也顺利成为中国第一家在美国主板上市的餐饮企业。

上市之后，红杉中国选择了退出，乡村基感受到了资本市场竞争的压力。为了进一步提升业绩，李红被迫选择了加速扩张。高峰时期，全国门店超过千家，但由于口味差异、管理失控陷入亏损，股价从最高 26 美元暴跌至 2015 年的 5.23 美元。2016 年，乡村基黯然退市。

尽管上市后的道路坎坷，但具有创业者气魄的李红并没有服输。她做出一次豪赌，迅速砍掉一线城市门店，退回川渝本地，积极孵化子品牌"大米先生"。这个新品牌以现炒、自选称菜、小碗饭和区域化差异口味为策略，2023 年，门店数量已反超乡村基。

退市后，沈南鹏并未忽视乡村基的转变。当李红设计出"双品牌"战略，以乡村基守住川渝基本盘市场，以大米先生进攻一二线城市时，沈南鹏意识到这是又一次良机。凭借灵敏的资本嗅觉，2020 年 6 月，他再度注资 4 亿元乡村基，助力其重启扩张之路。

沈南鹏的再度注资，如春风化雨，为乡村基注入新的活力。在红杉中国的支持下，李红选择了新的战略打法，她放弃沿用多年的中央厨房预制菜模式，不惜短时间内提高供应链成本，也要将"现炒"打造成品牌，强调"锅气"和食材的新鲜。

市场数据印证了李红选择的正确性。2022 年乡村基毛利率仅15%，远低于预制菜中式快餐的 25%—30% 的水平，但闭店率却远低于行业均值，不足行业均值的三分之一。显然，这一次乡村基将不再走高速扩张路线，而是要讲述更好的餐饮故事，当其他快餐竞品正在加速走向资本化时，乡村基在李红的带领下选择回归"慢节奏"和"自然之道"，以此唤起消费者对手工时代食物滋味的情怀。

艾媒咨询数据显示，2024 年，超 60% 消费者由于对预制菜的疑虑选择现炒餐饮，乡村基凭借其现炒策略和食材新鲜的优势，凭借 25 元的客单价，仍实现 47 亿元的年收入，在激烈的市场竞争中，李红似乎再一次拿到了新的溢价密码。

从 2007 年到 2025 年，乡村基与红杉中国的故事仍在续写。当被投资企业已经创下上市纪录后，沈南鹏仍选择转身助力，这不仅是对企业家创业特质的充分认可，也反映出他对餐饮行业趋势的精准把握能力。尽管餐饮行业并非红杉资本在欧美的传统投资领域，但通过与乡村基的两度合作，沈南鹏再次向世人证明了红杉中国自有不同。

唯品会三年上市

2008 年后，红杉中国究竟向多少家本土电商公司投资，又推动了多少家公司上市？时至今日，沈南鹏自己可能也无法立即说出准确数字。但可以肯定的是，那段时间，他对电商领域的任何风吹草动都极为关注。在这个并不大的圈子里，沈南鹏手握资本，笑容可掬而又异常严谨，他时而如热情洋溢的经纪人，时而似胸有成竹的导师，见证着被投企业日日精进，竞相超越。

沈南鹏当然希望每家被投资的企业都能发展壮大，都能成功上市，但他也知道那并不可能，因为即便是身处电商这样充满希望的赛道上，选手本身也同样重要。

2008 年，就在沈南鹏入主麦考林后不久，一家新的电商企业悄然成立了，这就是唯品会。

唯品会的故事起源于长江商学院。

2005 年，温州人沈亚感觉事业陷入瓶颈。他做手机配件跨国贸易，一年营业额达 4000 万元，但利润仅 100 万，这让他察觉到传统商业模式的困境，毅然在而立之年走进学校。

在长江商学院，沈亚第一次听说了电子商务的概念，他觉得这是能改变世界的新商业模式。在这里，他恶补各种各样的电商知识，明确了前进的方向。

　　其实，这时的电商队伍里已有人遥遥领先，阿里巴巴和京东占据了头部位置，身后不乏跟随者，更不乏倒下的竞争者，但沈亚却偏要闯一闯。他从法国一个私卖会网站汲取灵感，开创了一种新模式：搜罗全球各类奢侈品牌，在限定时间内推出折扣，专供会员抢购，美其名曰"闪购"。

　　沈亚的想法得到同学的支持，他和合伙人洪晓波很快筹到3000万元。2008年8月，主打"奢侈品限时折扣"的唯品会在广州正式成立，沈亚担任董事长。

　　唯品会初创时的路并不顺利。12月网站上线，单月仅卖出18单，其中12单还是熟人的"友情赞助"。3个月后，销量才到100单，沈亚冷静了下来，他果断调整战略，将唯品会定义为"一家专门做正品特卖的网站"，强调专注于正品服装折扣处理，避开淘宝的既有优势。正是这种特殊而明确的定位，让唯品会找准了位置，网站逐渐集聚起了人气。在此基础上，沈亚推出限时限量的"闪购"模式，让许多女性用户在收到信息推送后立即购物，由此带来的重复购买率令人惊叹，使唯品会在营销成本增幅不大的前提下，创造了营收与利润爆发式连续增长的神话。一时间，唯品会俨然已紧跟淘宝、京东，以开创第三种电商模式的角色，驰骋在电商竞技场上。

　　尽管如此，唯品会的网站页面略显土气，其商业模式曾被贬称为"清理库存"，并不被多数投资人看好。一些投资人甚至分不清他们和淘宝、京东的区别，见面就询问网站不设搜索栏的原因，沈亚听多了，只好当成笑话。

　　但偌大中国，还是有人懂唯品会的，那就是沈南鹏。按照他的部署，红杉中国从 2007 年起便关注电商，既看中了麦考林，更不可能忽视唯品会这样的黑马。

沈南鹏看好"闪购"模式，它将电子商务和折扣销售渠道优势结合，形成全新的互联网零售形态。相比初期主打的服饰产品，如果将化妆品、家庭用品及其他生活用品加入其中，就能为唯品会带去更大的表演舞台。换言之，唯品会借助"闪购"模式，巧妙融合"精选商品""深度折扣"及"限时抢购"等营销策略，使自己独树一帜，成为电商领域的佼佼者。在它身前身后，都很难找到相似者，更不用说直接竞争者了。

另一方面，唯品会的定位转变过程也让沈南鹏欣赏。从最初专门做奢侈品销售到调整为面向大众市场，他们仅用了三个月时间。这样的重大战略决策调整不仅体现了创始团队的商业判断能力，也说明了他们强大的执行能力。

在沈南鹏的指导下，红杉中国董事总经理刘星于 2009 年下半年开始对唯品会进行深入研究，分析了其在快速发展的电商行业中所处的地位、市场趋势以及面临的竞争挑战。7 月，刘星赶往广州实地调查。

在对沈亚的访谈中，刘星重点了解唯品会对品牌商库存尾货的处理方式，这也是沈南鹏所关心的问题。在普遍认知里，传统的服饰尾货处理渠道效率很低，品牌商或是找人拉走，或是放在自家门店慢慢销售，也可能参与商场促销，但无论如何都很难在短期内处理完。唯品会的出现，为品牌商们带来了福音，它凭借独特的运营模式，围绕自家网站各环节构建了专属渠道，能够在极短时间内有效解决品牌商的库存尾货问题。

除了访谈本身外，位于珠江畔的唯品会总部也给刘星留下深刻印象。他跑过许多客户公司，见过的创始人数以百计，但是没有见到任何一家公司的两位创始人在同一间办公室工作。刘星将这种印象传递给了沈南鹏，两人一致认为唯品会值得投资。不过，由于沈亚开出的价格较高，这次接触并未谈成。几个月后，刘星再次前往广州，代表红杉中国和沈亚确定了第一轮融资方案。

2010年11月，红杉联合DCM向唯品会投资2000万美元。时隔一年，红杉又单独向唯品会追加5000万美元的B轮融资，此时，这家刚创立两年的企业估值已达到5亿美金。

在拿到如此充沛的"军火"后，唯品会的攻城略地速度不断提升，订单总量从2009年的7.1万件增至2011年的726.9万件，用户的平均订单量也在稳步增长，从1.9件升至4.9件，企业毛利率则从8.2%升至19.1%。

2012年3月，创立仅三年多的唯品会赴纽交所上市，创下电商网站最快上市纪录。刚开始，沈亚并不愿意这么快上市，是沈南鹏说服了他，因为上市能尽快帮助唯品会树立供应商和顾客心中的品牌。

沈南鹏并不只是说说而已。上市当天，唯品会的股价就跌破发行价，被媒体们渲染为"流血上市"。为支撑股价，红杉中国联合DCM追加2000万美元融资。沈亚后来回忆，公司股票发行首日，他望着大屏幕上不断下跌的股价，手机里却不断弹出供应商、合作伙伴、下属发来的祝贺短信，一时间百感交集。

后来，沈亚才知道沈南鹏的先见之明。九个月后，唯品会通过专注于品牌特卖和连续两个季度的出色财报表现，成功地抹去了美国投资者的疑虑。其股价在一年内飙升超152%，市值达92.05亿美元，成为市场上的"妖股"。2015年4月，该公司总市值达178.79亿元，而沈南鹏和红杉中国团队，也在这波攀升中带着丰厚盈利悄然退出。

唯品会因沈南鹏而受益匪浅，而沈南鹏的眼界并未局限于唯品会。在投资唯品会的同时，他已悄然将目光投向了更广阔的互联网领域。

第八章

互联战场意如何

1986 年，红杉资本因对思科、甲骨文、苹果的投资大获成功，成为世界顶尖风投企业。这一年，《时代》杂志记者迈克·莫瑞茨（Michael Moritz）敲开了创始人唐·瓦伦丁（Don Valentine）办公室的门，提出大胆的要求：希望进入红杉资本工作。

虽然合伙人一致反对，但瓦伦丁却同意了。他说："莫瑞茨很会提问。"

瓦伦丁的识人术成就了莫瑞茨，也成就了红杉。不到十年，莫瑞茨带领红杉资本投资了雅虎、谷歌，也没放过后来的油管（YouTube）、贝宝（PayPal）、领英（Linkedin）。红杉不仅参与开辟互联网时代，也让全世界知道了什么叫"独角兽企业"。

沈南鹏无缘莫瑞茨般的幸运，当红杉中国扬帆起航时，互联网浪潮已席卷全球，喧嚣渐息。在中国这片互联网热土上，IDG、软银等外资风投早已捷足先登，高瓴资本亦虎视眈眈，沈南鹏唯有破釜沉舟，在狭缝中探寻胜利之光。

聚美和乐蜂

2014 年，李静和陈欧正经历着各自事业的转折。

2014 年 2 月，唯品会宣布以 1.125 亿美元收购乐蜂网 75% 的股权，从而获得控制权。乐蜂网创始人李静重新专注于她的东方风行传媒集团。此为一"落"。

2014 年 5 月 16 日，聚美优品在美国纽约证券交易所挂牌上市。31 岁的陈欧以 14 亿美元的身价成为纽交所历史上最年轻的中国企业 CEO。此为一"起"。

在陈欧的崛起、聚美优品的辉煌与乐蜂网的沉寂之间，一场激烈的互联网商业战争悄然落幕。这场战役的背后，那位操纵资本、运筹帷幄的关键人物，正是沈南鹏。

李静和沈南鹏的故事始于 2007 年初。那时，她从央视辞职创业已达七年，她的东方风行传媒集团早已为公众熟知，凭借《超级访问》《美丽俏佳人》《非常静距离》等热门节目，每年能赚上千万的利润。李静曾一度心生退意，想要将公司出售，换取数千万元的现金，过上自由惬意的生活。但她遇到了易凯资本首席执行官王冉，得知了另一种可能：踏上资本之路，实现更多梦想。

李静最终选择了这条路。在一次饭局上，她被引荐给沈南鹏。李静说，自己的公司并不缺钱，但沈南鹏坚持说自己需要在中国寻找一个像奥普拉那样的人，而李静就是最好的选择。

沈南鹏描述的那个世界吸引了李静。2008 年 5 月，她接受红杉中国的数百万美元 A 轮投资，美妆 B2C 电商乐蜂网正式上线。

李静对商业运作不甚熟悉，沈南鹏亦不会负责具体的管理，于是李静请来了在传统零售业拥有多年从业经验的王立成担任 CEO，负责乐蜂网的管理和运作。面对货源的不确定，沈南鹏向李静提议打造自有品牌，李静凭借敏锐的商业眼光，选定精油作为核心产品，由此创立"静佳"品牌。此后，东方风行市场，静佳负责产品，乐蜂网则承担渠道运营职能。

沈南鹏提出自有产品这一招，掀起了乐蜂网的发展势头。在接下来的几年里，乐蜂年收入稳步上升，获得红杉资本和宽带资本 4000 万美元 B 轮融资。到 2013 年时，网站销售额达到 30 亿元，王立成已经想到了要在国外上市发行。

然而，互联网战场是无情的，资本同样也是。沈南鹏能说服当年的李静，能帮助她策划自有品牌，但沈南鹏终究是投资人。投资人必须遵循优胜劣汰的商业规则行事，让最好、最强的选手留下。

虽然自有品牌做得很好，但李静毕竟缺乏电商管理的经验，在企业销售成绩增长的同时，乐蜂网的运营体系也愈显冗余。整个乐蜂网有上千名员工，技术团队成员就有 200 多人，规模堪比京东。李静后来说："我不知道运营团队需要多少人，网站运营需要多少人，每个部门申请加人我都同意。"

外部环境同样在变化，天猫、京东等综合型平台电商日渐成熟，压缩了化妆品垂直电商的生存空间。另一方面，聚美优品在 2013 年的销售规模达 90 亿元，是乐蜂网的三倍，长时间的公关战和价格战，让李静感觉整个人都陷入焦虑。

李静更为焦虑的，或许并非商战的激烈，而是聚美优品背后同样有沈南鹏。

2010 年 3 月，陈欧和合伙人戴雨森、刘辉共同创立聚美优品，专注于美妆产品电商销售。第二年，沈南鹏听说了聚美优品，认为他们面对的挑战不小，但又觉得陈欧这个人值得试一下。很快，红杉资本、先锋华兴等风投机构联合投资 1200 万美元。

果然，聚美优品采用了唯品会"限时特卖"的方式销售美妆产品，2011 年到 2013 年营收增长 20 倍，连续 7 个季度盈利，这也在无形中写下了乐蜂网被唯品会收购的结局，而聚美优品则一路绝尘，抢占了上市的时间窗口。

对比三家企业的过去和现在，都绕不开沈南鹏的影子。有人猜测，唯品会和乐蜂网的合并，是他在牵线搭桥。

这种说法并非空穴来风。外界普遍认为，沈南鹏四年间连续投资三家同类型互联网电商，此举无疑是为未来市场变化预先布局。接受投资最早的乐蜂网自带了东方风行的女性用户流量，随后被投资的唯品会则以服装特卖为核心业务，两者始终保持明确的业务界限。但聚美优品和乐蜂网的竞争却从一开始就趋于白热化，而唯品会的跃跃欲试让事情变得复杂，正如沈南鹏所说的"犬牙交错"。当聚美优品即将上市，而唯品会也想涉水化妆品市场时，这三家企业的归宿理应更清楚，才能产生最大的价值。最优解就是唯品会控股乐蜂网，此举不仅对双方都有利，也能最大限度地提升聚美优品上市的价值。

不过，无论沈南鹏本人还是李静，都否认了这场收购来自红杉中国的直接策划。沈南鹏不同意自己是做局者，而李静则说舆论对他不公平。

实际上，按照风投机构的标准，当两家被投公司成为竞争对手时，投资机构会建立严格的防火墙制度，例如投资经理间不能共享信息、召开战略会议时投了竞争对手的经理不得出席等。

一直以来，红杉中国都坚持上述做法，并无不妥。然而，他们同样坚持采取"竞品双投"的策略。在不少垂直行业的发展初期，沈南鹏都会对两三家相互为竞争关系的优质企业同时投资，例如：教育领域的万学教育和卓越教育，在线旅游行业的驴妈妈旅游网和途牛旅游网，以及O2O领域的大众点评网和美团网。这种"竞品双投"策略成为其鲜明的投资风格。沈南鹏并不需要刻意布局，他只需凭借左右互搏式的投资策略，便巧妙地将细分领域的投资转化为了赛马之争。无论跑出的冠军是哪一匹，敲响上市锣声的是哪一位，赢家行列里都少不了身为大股东的红杉中国，用中国人熟悉的俗语说，就是"肉烂在锅里"。

沈南鹏的投资策略如此精明，并不是他刻意为之，而是他在互联网战场上为红杉中国谋划的最佳选择。他的商业经验、投资者直觉以及对互联网行业趋势的敏锐洞察，使得他经常能在众多候选企业里找到最具潜力的那几个，再根据形势分别投资。这种投资逻辑，如同精心编织的网，看似松散却环环相扣。正如高手布局，并不一定能让每颗棋子都在将来发挥最大效力，但当它们被先后落下时，胜负大势就足见分晓。

随着互联网电商战争进程加快，电商巨头对市场的掌控程度越来越大，垂直类电商的生存空间也不断被挤压。当红杉资本获利并逐步退出后，曾经的乐蜂和聚美都走过了最美好的时光，先后奏响了退场的音符。2019年，唯品会宣布乐蜂App停止运营。2020年，聚美优品从纽交所黯然退市，彻底退出电商领域。

竞争是残酷的。乐蜂和聚美曾奋力搏击，辉煌一时，却也难逃衰败命运。商海风云变幻，但沈南鹏的策略却犹如明灯，映照出独有的前瞻性，彰显着红杉中国的深厚底蕴。

"我相信王兴"

2013 年注定是不平凡的一年。这一年，服务电商巨头纷纷出招，糯米网获得了百度 1.6 亿美元投资，淘宝推出"淘点点"。与此同时，腾讯入股大众点评，而"饿了么"于 2013 年 11 月完成红杉中国、经纬中国、金沙江创投 2500 万美元 C 轮融资，身穿蓝色马甲的外卖员出现在更多城市的街头巷尾……

面对这一切，美团创始人王兴不为所动。因手中有充裕的"子弹"，他稳扎稳打，步步为营，更以傲视群雄之姿，积极探寻新的增长极。

在做出"杀向外卖"的决定时，王兴或许想到了和沈南鹏的第一次见面……

尽管后来的王兴以 850 亿元财富名列胡润全球富豪榜，但时间退回 8 年前，王兴还是初出茅庐的年轻人。彼时，沈南鹏已手握红杉中国数亿美元资金的重权，而拥有清华大学、美国特拉华大学学历的王兴才刚放弃学业，便回国携手清华同窗踏上创业之路。不久后，后来改名为人人网的校内网在他手中诞生了。

校内网是王兴漫长创业路上的首个心血之作，专门瞄准大学生用户群体。2005 年 12 月 8 日，网站正式上线，试用阶段反响热烈，但资金短缺导致王兴无法扩充服务器和带宽，他只能夜以继日地亲自维护网站。

十天之后的上午，有人将睡梦中的王兴从床上叫醒接电话。

电话里传来女声："我听说你们做了校内网，我们是风险投资基金，叫红杉资本。"

王兴后来才知道，说话的是陆勤超。她也是这一年刚加入红杉中国，在沈南鹏手下工作。十年后，她成了红杉资本全球历史上首位女合伙人。

王兴耿直回应："红杉？没听说过。"

陆勤超并不介意，她补充介绍说，红杉的英文名称叫"Sequoia Capital"。王兴这才想起在美留学时确实听说过 Sequoia，于是约定了当天下午去面谈。

此后一个月，王兴团队经历了红杉资本多轮面试。在最后一轮面试中，他们不太幸运地碰到了周鸿祎。

那时，周鸿祎还没有加入奇虎，有时候会在红杉帮忙看项目。有人建议周鸿祎也来看看校内网团队。周鸿祎推门进去转了圈，见没人理他，便断定这些略显木讷的小伙子缺乏活力。他对沈南鹏说，这些年轻"海龟"态度冷漠，看样子就不像是来融资的，这种不接地气的团队注定失败。

王兴最终没有拿到红杉的投资。其实这也正常，每个初创团队都会面对质疑，经历重重考验能获得早期投资的项目，本身就已足够幸运。此时的王兴显然缺乏幸运，2006 年 10 月，因资金链断裂，他在清华大学旁边的一个小饭馆里，宣布解散团队并将校内网以 200 万美元卖给陈一舟。

对普通人而言，6 个人分 200 万美元，已经足够下半辈子衣食无忧。但王兴骨子里就是个创业者，他创建公司并非为了转手获利，而是怀揣着成就一番大业的梦想。2007 年 5 月 13 日，他的二次创业项目上线，这就是社交网站"饭否"。两年后，这个网站用户超过 100 万，成为国内首个突破百万用户的社交平台，也开始有了付费用户。但由于对敏感言论管理不规范，当年被关停整顿。

王兴并未气馁，迅速调整方向，于 2010 年 3 月推出美团网。美团网上线标志着王兴的创业从社交领域转向生活服务领域。这一次，他从一开始就确立了清晰的盈利模式，想要在团购的乱战中站稳脚跟。

然而，此时的王兴似乎是互联网行业里的异类。他的某些性格特质令投资人敬而远之，甚至有人断言，投资圈普遍不敢投王兴，因为"一个人多次失败肯定是有原因的"。

相逢者会再相逢。美团上线两三天后，王兴收到红杉中国的短信，沈南鹏又一次找到他。

有了之前的铺垫，这次投资进展极快。

王兴后来说，只要你还在创业，只要你还在这个寒夜里前行，总会碰到红杉。因为红杉总会冲在最前面。或许是和沈南鹏的第一次见面，让他产生了这种感慨。那时，红杉北京办公室还没有搬到华贸，两个人在三元桥附近的写字楼见了面。王兴早就听说过沈南鹏的创业故事，也做好了回答各种刁钻问题的准备，但他很快发现这次见面和自己想象的不一样。

在简单的寒暄介绍后，沈南鹏并未让王兴详细阐述美团的商业计划、业务数据或者其他任何方面，而是在介绍自己和红杉，他在努力向王兴宣传红杉品牌，解释美团为什么应该选择红杉投资而不是别家。

王兴说："那次，我才知道这才是真正厉害的投资人。"他一眼看出沈南鹏做了很多功课，对团购的商业模式有很清晰的看法，甚至比创业者有更清晰的判断。这让王兴印象深刻。他意识到，沈南鹏不仅是为他带来资金的人，也是会在关键时刻提供战略指导，帮助他做好公司的人。

沈南鹏对王兴的欣赏同样溢于言表。他后来回忆说，自己和王兴可谓一见如故。虽然 2010 年的移动互联网市场喧嚣浮躁，但王兴却展现出罕见的理性和坚韧。沈南鹏意识到,他就是自己想要寻找的创业者。

不为人所知的是,在王兴创办美团前一年,沈南鹏就确定了未来能助其登顶全球投资人榜首的核心投资方向,他将之称为"Mobile Only"(唯有移动),并提前预感到移动端将成为未来互联网的主流,王兴赶上了这波浪潮的开头,而再过了一年即 2011 年,微信和小米手机诞生,移动互联网的大戏正式开幕。与其说沈南鹏遇到了王兴,不如说,他就在那里静静等候美团的到来。

这次见面后不久,红杉中国于 2010 年成为美团 A 轮融资的唯一投资方,投资 1200 万美元,持股 22.5%,开始一路伴随美团发展壮大。2011 年,他们联合阿里巴巴、北极光等机构,对美团追加 5000 万美元 B 轮投资。这次投资非常宝贵,因为战局未明,美团遭遇了很大困难,原本确定 B 轮领投人"飞单",让沈南鹏面临艰难抉择,在他的坚持下,红杉中国还是选择了继续投资,才在后来终于见证了王兴如何杀出重围,在团购大战中脱颖而出。

团购是指消费者先在网站购买团购券,再去餐馆消费享受折扣。在门户网站和电商之后,这种商业模式成为互联网带来的第三次冲击波,从线上改变了线下消费与服务的关系。截至 2011 年 8 月,中国涌现 5000 多家团购网站,拉手网、美团、窝窝、糯米团、大众点评等群雄并起,"千团大战"爆发。

"千团大战"是中国互联网商业历史上最精彩但也最惨烈的一页,诞生了无数创业传奇和投资故事,但它们却很快消散在风中。在无序竞争的挤压下,到 2012 年中,99% 的团购网站都不复存在了。得力于红杉的支持,美团在 2011 年的销售额达到 14.5 亿元,比 2010 年翻了 10 倍,但总体仍未盈利。

正是这个关键的时间节点上,王兴有了新的主意。

推动巨头的合并

在《十年二十人》节目中，财经作家吴晓波单刀直入："哪个是你做梦都会想到的投资案例？"沈南鹏回答："美团是让我印象最深的投资案例，过程跌宕起伏。"他还特意强调说："王兴是产品偏执狂，他在实战中不断学习。"

"不断学习"，是王兴在沈南鹏眼里最异于常人的印象。这种特质，使他成为沈南鹏最引以为豪的创业者。

2013 年的王兴知道，上一场乱局的终结只是另一场竞争的开始，团购之战的胜利者们即将开始 O2O 之战。而他必须修炼新的武功，那就是做外卖。

此时的外卖市场尚处于萌芽阶段，被多数人视为餐饮堂食的附属品，为数不多的外卖平台中，只有"饿了么"算是做得不错。这家公司成立于 2008 年。起初，它只是上海交大学生为解决校园内订餐不便而创立的小项目，未曾料到几年后会成为外卖市场的领军者。由于当时外卖行业并未受到足够重视，直至 2011 年，"饿了么"才从金沙江创投获得首笔百万美元投资。

刚开始，王兴想要收购饿了么，但被后者的创始人张旭豪一口回绝。回绝与价格无关，而是两人都敏锐地捕捉到城镇化进程和人均收入增长带来的消费升级趋势，谁也不愿放过眼前的大好机会。2013 年，中国餐饮业总规模超 2.6 万亿元，外卖市场则刚刚起步，其规模约 200 亿元，仅占传统餐饮的 1%。但王兴和张旭豪都深信，移动互联网的普及将会为外卖行业走向那广阔的 99% 的天地提供良机。

与此同时，沈南鹏也看到了这一点，再次上演了竞品双投的策略。

2013 年 11 月，红杉中国领投饿了么的 C 轮融资，金额为 2500 万美元。这是红杉中国首次参与饿了么的资本注入，并很快成为这家公司持股比例最高的投资机构。作为回应，美团外卖也在当月正式上线。紧接着，2014 年 1 月，百度外卖上线，传统互联网巨头加入了外卖之战。

沈南鹏既然投资了美团的对手，就不会忘记给王兴增加底气。2014 年，红杉中国主导 3 亿美元 C 轮融资；2015 年，主导 7 亿美元 D 轮融资。王兴凭借这两笔资金，加速扩张，采取"农村包围城市"策略，率先攻入饿了么尚未占领的下沉市场。

不久后，饿了么的市场份额遭到美团的蚕食，后者逐渐领先。当领先优势越来越大时，王兴再出一招。2015 年，以美团和大众点评的合并为标志，外卖市场格局从此宣告确定。

这次合并的背后，依然少不了沈南鹏。

2006 年，红杉中国是大众点评 A 轮唯一投资人。当时，大众点评创始人张涛甚至给出"特别折扣"，获得 200 万美元的融资。2007 年，红杉资本联合谷歌风投，向大众点评注资 2500 万美元的 B 轮投资。在其 C 轮、D 轮融资中，同样也能见到沈南鹏的身影。毫不夸张地说，大众点评是在移动互联网尚未到来时，沈南鹏设想的"美团"雏形。

另一边，从 2015 年开始，沈南鹏作为美团的非执行董事，深度参与公司的战略决策。当他发现腾讯和京东注资饿了么，便意识到竞争将愈发激烈。尽管具体细节至今尚未透露，但到 2015 年 9 月，美团与大众点评的合并事项就被放到了两家之间的谈判桌上。这次谈判的节奏很快，参与者除了双方创始人和沈南鹏外，还有大众点评投资人、腾讯总裁刘炽平。短短十天的谈判从北京开始，继而转至香港，过程跌宕起伏，大众点评、美团双方势力此起彼伏，最终达成势均力敌的合作协议。有意思的是，谈判尾声是在刘强东婚礼的喜庆氛围中完成的，刘炽平、沈南鹏和担任两家公司财务顾问的华兴资本 CEO 包凡完成了最后谈判。此举实属无奈，一切均在秘密中悄然进行。

2015 年 10 月 8 日，美团和大众点评联合发表声明，宣布达成战略合作，组建新公司。

这次合并出乎很多人的意料，不仅因为两家公司在业务、公关上都有竞争关系，也因为追求高效的美团文化，和大众点评的原有风格有着天壤之别。正是这些违和之处，让人们猜测是沈南鹏亲自出面斡旋，凭借其深厚人脉和谈判技巧，成功促成双方达成共识。

有人说，这样的合并，与其说是握手言和的双赢，倒不如看成一场由投资人驱动的"包办婚姻"，只有红杉资本以双方共同的大股东身份，才能推动两家公司放下恩怨，强强联手，形成巨大协同效应，应对同样有红杉资本持股的饿了么。

也有人说，美团和大众点评合并这步棋，还有更深远的意义。在"千团大战"时期，美团和大众点评除了接受红杉中国投资外，还各自找了传统互联网行业的靠山加持。美团有阿里巴巴入股，而大众点评则背靠腾讯，双方选择合并，阿里巴巴不会和腾讯坐到一起，只会选择退出。这将会改变巨头之间的固有格局，不甘久居人下的王兴真正实现"自立为王"，红杉中国也将从新的商业帝国版图中受益匪浅。

或许是红杉中国的名气太大，与上述传言对立的事实，被有意无意地忽略了。实际上，美团和大众点评的团购竞争始终建立在"烧钱"基础上，这显然是不可持续的。因此，早在 2013 年，这两家公司就萌生过合并念头，只是因为那时双方资金尚且充裕，且无人主导谈判进程而作罢。

沈南鹏是否听说了这些传言并不重要，因为他有更忙的事情处理。

在沈南鹏和王兴的设想中，合并后的美团点评会实现从内容到交易的闭环，大众点评是生活消费的决策入口和内容分享平台，美团则是交易平台。在合并完成后的数月间，沈南鹏频繁出席每周一次的董事会，会议时长往往超过五小时，两家公司的董事和高管携手共度了这段意义非凡的融合历程。

这次融合的结果是大众点评创始人张涛退出了管理一线，美团系高管全面接手新公司。不久后，阿里巴巴全面退出美团，腾讯成为美团大股东，红杉中国则位列其后。在沈南鹏的见证下，旧时代的巨头融入新生力量，王兴的崛起之势已不可阻挡。

2018 年 9 月 20 日，美团在港交所上市，整体估值约 524 亿美元。那天，向来低调的沈南鹏罕见地发表公开信，以《既往不恋 纵情向前——写在美团点评上市之际》为标题，对其上市表示祝贺。

这是一份真诚的分享。自那日起，红杉中国在美团项目的投资获得超百倍回报，标志着沈南鹏投资生涯的一次重大胜利。

追上拼多多

21 世纪的前 20 年，中国互联网的发展机会集中在电商。根据中国互联网络信息中心（CNNIC）的数据显示，2005 年中国上网人群数量首次超 1 亿，截至 2024 年 12 月，这个数字超 11.08 亿，网民最活跃的消费领域非电商莫属，网络购物的用户规模超过了 9.74 亿人。

一系列数字的增长，缔造了电商平台的繁荣，如果提到推动这股浪潮的人，无论如何也少不了沈南鹏。正是在他的领导下，红杉资本创造并保持了傲人的纪录，成为国内唯一同时持有阿里巴巴、京东和拼多多三大电商巨头股份的顶级投资机构。

在三大电商巨头中，拼多多是最年轻的一家。2014 年底，成立不满一年的高榕创投组织创始人聚餐，20 多位参会者中，黄峥提及社交电商概念，引起了高榕创始合伙人张震的注意，两人攀谈之下，张震发现这个年轻人不愧是谷歌中国办公室出身，看问题非常深刻，当即给出了 6000 万美元的估值。

黄峥被张震的眼光和信任惊住了，他和朋友在卫生间匆匆商量后就答应了，全程不到 15 分钟。2015 年 9 月，拼好货 APP 正式上线，主打传统水果拼单购买，但带给用户一种全新的购物体验。在平台上，用户们可以发起价格更为实惠的水果拼单，通过微信、发朋友圈等社交行为分享好物，只要达到规定人数参与，拼单就会生效，人数不足就会自动退款。这种创新的团购模式，不仅让消费者享受到更低价格与更优品质的商品，还融入了社交与游戏元素，其魅力在于消费者可主导市场，影响商品价格与品质，颠覆传统电商的被动消费模式。

拼好货也实现了电商经营者的另一种可能。拼好货的首批用户，都只是黄峥的前同事们，还有创业团队里某成员的微信公众号粉丝，从这些看似微不足道的人群，发展到第二年的千万级别用户，黄峥几乎没有花钱做过推广，完全是靠社交网络的传播。

2016 年 7 月，拼好货获得了高榕资本和 IDG 追加的 B 轮投资共 1.1 亿美元。这次融资让拼多多迅速扩张，到 2016 年 9 月，拼多多年活跃买家数突破 1 个亿。直到此时，红杉资本都没有介入其中，看起来，他们很可能就要错失这个宝贵机会了。

实际上，沈南鹏原本有机会在 B 轮投资。

2015 年下半年，红杉中国某位投资人认识了黄峥，前者了解并看好这种崭新的商业模式，于是在红杉内部会议上予以力荐。不久后，在红杉中国的投资决策委员会会议上，各位合伙人围绕着黄峥的项目展开了激烈讨论，然而，经过深思熟虑后，他们最终否决了该提案。

不久后，那位力荐拼好货的投资人因故离开红杉中国，拼好货从此无人提起。但到了 2016 年底，沈南鹏重新审视起这个项目。此时，拼好货已完成历史使命，它被黄峥旗下名叫拼多多的 App 合并，从而彻底摆脱"果味"，覆盖了更多种类的商品。

沈南鹏发现，拼多多的用户增长和商业模式远超红杉中国预期。于是果断决定弥补错误，一定要找机会跟上这趟高速狂奔的列车。

实际上，他从不讳言犯错。在和《中国企业家》杂志社社长对话时，他坦言："投资总会犯错，总会丢失一些早期机会，那也不要紧，重要的是抱着开放和追踪的心态。"

沈南鹏不会为错失机会而懊恼，这也同他坚如磐石的投资原则有关。他总是说，如果没有看懂一家企业，或者不相信某个创业者，他就不会投。因为即便丢掉了最初的投资机会，那也可以从后续的轮次中找到切入点。如果后续轮次也没有抓住，到企业上市时，还是会有建立合作关系的机会。只要企业有价值，自己总有机会参与其中。

想要做到这点，红杉中国必须保持足够的追踪力。沈南鹏和合伙人们始终具备坚韧的毅力和持续的耐心，似猎豹般敏锐，如狮子般隐忍，即便猎物一次又一次从眼前飞奔离开，但他们还是会保持对每个热点行业的深度研究和观察，对每一个潜在机会保持高度警惕。

在红杉，这群追踪者尤其重视开放思维。沈南鹏直白地描述说，如果你在一年前看了一家企业，发现企业的商业模式有这样或那样的挑战和问题，但一年以后你发现企业有很多变化，那就很可能是创业者在不断学习和成长。这时候，考验人性的难题就会来到投资人这一边：是否愿意放下成见，重新审视企业？你可能会遇到冷面孔，而且企业的估值也已经涨了很多，投资人是否能面对以前的错误，又是否能以清零心态来了解企业？对这些问题，沈南鹏用多年来的投资行动，给出了明确的答案。

无论如何，沈南鹏做出的决定非常及时。2015年拼多多成立并上线平台以来，借助微信流量红利，通过"砍一刀"等营销手段，拼多多在下沉市场迅速积累用户，到2017年初，这种模式已帮助拼多多在下沉市场迅速扩张。那段时间里，无论几线城市的大街小巷，人们都在热议"砍一刀"的魔力，拼多多的品牌如病毒般复制传播，让曾经的电商行业大佬们瞠目结舌。

就在此时，黄峥发起了第三轮融资，沈南鹏立刻跟进。2017年2月1日，红杉中国、高榕资本、凯辉基金和腾讯投资共同为拼多多注资2.13亿美元。到2017年9月，拼多多成立两周年之际，年活跃买家数突破2亿。三个月后，拼多多每月商品交易额（GMV）突破百亿，月活跃用户数量（MAU）过亿，正式成为排阿里、京东之后的第三大电商平台。

所有人都知道，第三大电商平台的宝座原本属于唯品会，这是沈南鹏的另一杰作。如果不是抢在 C 轮投入拼多多完成了"临门一脚"，红杉中国就会错失电商领域格局变更的重大机遇。

即便如此，沈南鹏跳上这趟列车的决定依旧不乏风险。毕竟，拼多多的高速增长背后也隐藏着诸多不确定性，市场质疑声不断。正因如此，在 B 轮融资阶段，尽管拼多多聘请了专业财务顾问，却面临长达半年的领投方空缺困境，最终是张震所带领的高榕资本伸出援手，助力其渡过难关。当沈南鹏决定投资时，拼多多的估值已飙升至 10 亿美元，达到业界共识中优秀电商的估值上限。在此情境下，沈南鹏还是毅然选择跟进，因为他认定拼多多的发展才刚开始。

尽管追赶的节奏颇为紧张，但沈南鹏把握住了最后的机会。2018 年 4 月 11 日，红杉中国和腾讯发起 D 轮融资，总金额 30 亿美元，使得拼多多总估值达到 150 亿美元。此后，这家创立刚三年的公司，在三个月后登陆纳斯达克，首日市值约 240 亿美元，一举创下电商行业的新纪录，红杉中国再次获得丰厚回报。

其实，沈南鹏的投资生涯中上演类似的追赶戏码并非首次。正是在一次次关键时刻的果断行动中，他弥补了错失的先机，验证了独到的眼光，才让红杉中国成为"买下半个中国互联网"的风投机构。

投资"半个互联网"

2019 年，红杉中国已近乎投资了中国互联网行业的近半数头部企业。这一成就源于沈南鹏始终将互联网视为充满机遇与挑战的巨大蓝海，也得益于红杉资本深厚的行业投资经验。

红杉美国的创始人唐·瓦伦丁曾说过"赌选手不如赌赛道"，而他的继任者迈克·莫瑞茨说："当你背后有风推着你跑的时候，你总能跑得快些。"沈南鹏的过人之处，犹如精准的预言家，比绝大多数人都更清晰地洞察互联网的风向变化，并准确预判每条细分赛道迎来爆发式增长的时机。

2010 年开始,沈南鹏重点布局互联网电子商务,陆续投资了唯品会、聚美优品等新兴势力，也有美丽说、蜜芽宝贝等后起之秀。同样也介入了阿里巴巴和京东的领跑。

必须承认，投资总是充满遗憾的艺术。如果单从投资时机来看，2010 年并非投资阿里巴巴的最佳机会。公开资料显示，阿里巴巴自成立以来已完成了八轮融资。首轮融资发生在 1999 年，由高盛集团领投，金额为 500 万美元。随后，软银在第二至第四轮融资中扮演了重要角色，分别在 2000 年和 2004 年投资 2500 万美元和 6000+2200 万美元。2005 年，雅虎和软银共同投资 10 亿美元。2007 年，阿里巴巴的部分业务在香港上市，融资额达 15 亿美元，公司估值达到约 280 亿美元。

尽管错过了早期介入，沈南鹏凭借敏锐洞察，坚持"看懂再投"的策略，在 2010 年 3 月参与阿里巴巴的第七次融资。

类似的事情，也发生在对京东和今日头条的投资过程中。

2006 年，京东的销量已突破 8000 万元，但运营资金开始吃紧，京东融资历史的帷幕正式拉开。当时，刘强东对风险投资一窍不通，四处碰壁后，终获今日资本的青睐，获得 1000 万美元的投资。资金一到账，刘强东即宣布京东将推行全品类一站式销售策略，并着手构建自有仓配一体化的物流体系。如此迅速发展资金消耗远超预期，2008 年，京东再次面临资金短缺，刘强东重启融资计划，今日资本创始人徐新带他拜访多位投资人。

这一年，世界金融危机从华尔街席卷全球，多家投资机构原本和刘强东谈得不错，在听说美国雷曼兄弟银行破产后，转眼间都打了退堂鼓。刘强东心急如焚，他开始疯狂拜见投资机构，有时一天两三家，有时一天五六家，其中也有沈南鹏的红杉中国。

沈南鹏对京东的商业模式有所了解，他并非看不懂刘强东，但对蔓延中的世界金融危机形势有所忌惮。这一错过，让红杉中国与京东的携手合作延后了时机。2008 年底，刘强东绝处逢生，得到雄牛资本、今日资本联合注资，"烧钱"工程得以继续。自 2010 年至 2012 年间，京东的年销售额持续增长，品类之全超越当当，正品之多胜过淘宝，最终交出了一份耀眼的成绩单。这时，沈南鹏终于确认自己没有看走眼，他和老虎基金、高瓴资本共同参与京东 C 轮融资。虽然具体投资数目至今并仍未公布，但人们从一件事上可以窥见两者之间的关系：2014 年，刘强东女友章泽天加入红杉中国实习。在这里的几个月间，她完成了对互联网教育公司"作业盒子"的投资。

先后"错过"了早期的阿里巴巴和京东，但沈南鹏并没有因此改变投资原则。他坚信，只有充分理解企业核心价值和市场前景后，才能做出明智的投资决策。正是这种谨慎与洞察，才造就了他和红杉中国。后来，当他谈到错过今日头条的 A 轮投资时，他甚至认真地说："有时候投资者太聪明了……不聪明会错，太聪明会错过。"

2012 年，张一鸣在餐巾纸上手绘线框图，向海纳亚洲创投基金的董事总经理王琼展示今日头条的雏形。凭借张一鸣的个人魅力和王琼对其能力的认可，今日头条获 SIG 海纳亚洲领投的 330 万美元 A 轮投资。2013 年 8 月，今日头条的用户量突破 5000 万，标志着这一国内资讯平台新秀在用户规模上的显著增长，并在此基础上开启了 B 轮融资。

在此之前，沈南鹏就认识了张一鸣。在交谈中，他了解到对方正在利用互联网将新闻、故事、图片等内容聚合起来，再根据每个人的不同喜好推送。沈南鹏认为这种商业模式存在巨大风险，包括国情、法律、政策和社会影响，在美国都没人做过，而张一鸣却坚信在中国能做成功。

为了解张一鸣的理由，红杉中国开展大量审慎调查的工作。这种调查让沈南鹏更为怀疑今日头条的前景，他得知所有的大企业都正在做这种产品，包括新浪、搜狐、腾讯和小米。在合伙人讨论会议上，大家都感觉这个市场竞争会非常激烈，今日头条只是一家小公司，没有机会创造击败互联网巨头的奇迹。

就在沈南鹏"心里打了个盹"时，今日头条完成了 B 轮融资，并且继续呈现快速发展的势头。沈南鹏这时意识到自己犯了错误。他发现，十年来搜索、社交、门户、电商的互联网商业模式，都是在美国成熟后复制到中国来的，包括他自己参与的创业也是。但这次不一样，张一鸣的机器推荐系统直接改写了互联网信息获取和分发模式，是中国互联网企业抢在美国之前拿到的技术硕果。时代改变了。于是，沈南鹏致电张一鸣，参与今日头条 C 轮融资。

错过当然是让人遗憾乃至伤心的事。但在投资尤其是互联网投资生涯中，错过又是很正常的组成部分。雅虎投资阿里巴巴前也错过了多次机会，晨兴资本错过了今日头条的天使轮投资，而周鸿祎的选择更显遗憾，他早期投资今日头条，但中途却以很低估值退出了。

沈南鹏的错过，不仅映射出他独特的投资哲学与风格，也与他对投资这件事的使命感、责任感和荣誉感有关。他一贯认为，投资不是给一笔钱就完事了，投资者应该竭尽所能，给被投企业更多的服务和支持，正如他说"50%的投资的成功是在投后……资金以外的力量，往往比资金更重要"，这段话的反面意义在于，如果他不能理解互联网企业的商业模式，或者对其前途缺乏信心，他就不知道除资金外，自己还能做什么。这就像让他把希望寄托在牌桌上的偶然性，而不是通过深入分析和持续行动，无论别人会怎样，沈南鹏绝不会做出这种选择。

反之，一旦弥补了错过，他就不会犹豫，而是全力以赴。

2017年，沈南鹏领投今日头条的D轮10亿美元融资，这是当年红杉中国单笔最大投资。有了这笔钱，今日头条孵化出抖音、西瓜视频、火山小视频，其中，抖音的国际版本Tiktok迅速风靡世界，成为中国互联网出海的最具代表性的现象级产品。新一代中国互联网人开始向全球输出文化产品和商业模式。

2018年，红杉中国参与对蚂蚁金服的F轮融资，金额高达140亿美元，刷新了全球私募融资纪录。蚂蚁金服和阿里巴巴集团的关系不言而喻，沈南鹏的这次投资显著表现出他对两家公司的信心。

对京东，沈南鹏也继续跟投了京东健康、京东工业等子品牌，进一步深化对京东生态多元化战略布局的参与和支持。

在错过与弥补之间，考验着投资者的眼光、决断和耐心，沈南鹏最终交出了令人满意的答卷。2020年时，红杉中国投资的互联网企业如阿里巴巴、京东集团、拼多多、美团等早已是行业巨头，其他如爱奇艺、快手、贝壳找房、京东健康等也属于千亿市值级别的互联网上市企业，此外还有今日头条、滴滴快车、豆瓣这样的未上市企业，以及更多还在努力中的互联网初创公司……沈南鹏不断践行其独有的投资哲学，最终，他手中的资本编织成了一张庞大的网络，深深嵌入每个中国人的移动互联生活，悄然改变着他们的工作日常与生活轨迹。

第九章

九万里风鹏正举

在沈南鹏掌舵下，红杉中国自 2020 年起开启了更具野心的进化。面对全球公共卫生事件、资本市场震荡和地缘政治博弈的多重挑战，红杉中国于 2023 年完成了品牌与业务体系的全面本土化重构，彻底撕掉了"海外资本代理人"的标签。

随着"Hongshan"取代了"Sequoia"，红杉中国展现出更凌厉的投资锋芒。

在加密领域，沈南鹏果断喊出"All in"口号，仿佛叩响了通往这座神秘财富宫殿的大门。

在医疗健康领域，从生物医药到医疗器械，从医疗服务到数字医疗，每个领域都有红杉中国的身影。

在人工智能和机器人领域，红杉中国以底层算法为切入点，逐步构建起覆盖硬件制造、技术应用、工业落地、具身智能的全产业链生态投资布局。

而当传统消费市场遇冷后，沈南鹏又果断聚焦新消费需求，精准捕捉到奶茶经济、卡牌崛起等新风口，投资新兴品牌并促其上市。

守护生命科学领域

2020 年，公共卫生事件爆发，全球经济动荡，投资不确定性陡增。但作为全球顶级投资机构，红杉中国在沈南鹏的带领下依然收获满满。

这一年，医疗健康成为红杉最重要的投资板块之一，十余家医疗健康企业上市。这并非朝夕之功，而是红杉中国长期以来的精心布局与不懈努力的结果。

时间回到 2011 年，那时，真正布局医疗行业的投资机构寥寥无几，但红杉中国已经开始提前布局，成立了专门的投资团队。

新产业生物就是在此时获得红杉投资。

这次投资起源于 1993 年。这一年，深圳市计划局局长助理翁先定放弃大好仕途，走上创业之路。到 2008 年时，他已事业有成，在新产业投资集团之外，还以 30% 的股份实际控制着新产业生物医学工程股份有限公司。

这家公司没有辜负翁先定的期待。在董事长饶微的带领下，技术团队凭借体外诊断（IVD）领域的积累，率先完成全自动发光免疫分析仪器在国内的研发，并于 2010 年率先推向市场。此前，国内相关行业几乎被外企垄断，以瑞士罗氏、德国西门子、美国雅培为代表的跨国巨头占据高端市场，尤其在国内三级医院市场中拥有较高份额。

新产业生物不仅在夹缝中求得生存，还凭借掌握的关键核心技术，做出质优价廉的国产产品，打破了进口厂商的垄断，这不禁让沈南鹏为之心动。

大学期间，沈南鹏最大的梦想是成为一名优秀的数学家，虽然欠缺了走向学术殿堂的资质和兴趣，但他还是经常下意识地将优秀科学家和创业者相比。正如美国哲学家约翰·杜威所说："科学的每一项巨大成就都是以大胆的幻想作为出发点"，创业者的路也总是从"梦想"这个词开始。无论是搞科研还是创业，都离不开一颗好奇心，都应该聚焦与解答世界上未能解决的问题。正是这种执念，让无数创造性的想法变成现实，为人类创造了更多的价值。

因此，虽然无论从规模还是"年龄"看，新产业生物都不能算是创业公司，但沈南鹏还是盯上了它所属的细分领域，看到了其潜在的巨大市场前景。

2011 年，红杉中国向新产业生物投资 9600 万元，成为其最早且最大的机构股东。此时，新产业生物的估值也只有 4.8 亿元，营业收入还不到 5000 万元。由于体外检测行业处于发展初期，虽然产品供不应求，利润良好，但却在产能方面遭遇掣肘。红杉的这笔投资恰逢其时，帮助他们快速实现了产能的扩张，如同催化剂般加速了公司的发展进程。

2017 年，新产业成为中国首家通过美国食品药品监督管理局（FDA）认证的化学发光企业；2018 年，发布全球最快全自动化学发光免疫分析系统 MAGLUMI X8；2019 年，成为中国首家丙肝试剂荣获欧盟 CE 最高认证的化学发光企业。这一年，其营业收入达 16.8 亿元，净利润 7.7 亿元，而更让资本市场瞩目的，则是其对国内三甲医院 45.7% 的产品销售覆盖率，这意味着新产业生物还会有更大的市场想象空间。

新产业生物业绩一路攀升，尤其 2014 年于新三板上市后，已成为行业瞩目的焦点。如果是普通投资机构，在这个时间节点上选择退出以获得安全且丰厚的回报是完全正常的选择。但沈南鹏并未退出，他坚信这家企业能够通过稳扎稳打，逐步成长为行业内的领军企业。从A轮开始的十年间，红杉中国非但没有减持一股，反而有机会持续加码，继续探索并实践投资机构和企业合作的另一条可行之道。

沈南鹏深谙长线投资之道，他懂得不同的创业团队有不同的潜力。判断一家公司的成长空间，不仅是对人和企业下定论，更是对行业发展趋势标注资本注脚。早在 2011 年投资新产业生物时，他就认定中国的 IVD 领域整体市场需求会有长期的增长趋势。而从被选中的饶微团队来看，他们长期沉浸于技术的态度，也顺应这一趋势，愈发坚定了红杉中国的投资信心。

能看懂这一点的沈南鹏，已非当初急于证明自我的风投新人，相反，他变得更加沉着而有耐心，愿意陪伴真正优秀的企业一同成长，坚守长期主义的投资理念。

直到 2017 年，新产业生物才在新三板终止挂牌，筹划在创业板上市，经历 800 多天等待后，于 2020 年 5 月挂牌上市。在连续 11 个交易日涨停后，公司市值冲破 480 亿元，相比发行时翻了近四倍。当年，红杉中国向新产业生物投出的第一笔资金，此时得到了 70 倍的回报。

沈南鹏与新产业生物的故事，完美诠释了艰苦奋斗与隐忍坚守的精神，也是创业者和投资者彼此信任与支持的典范。但这个故事远非孤例，在沈南鹏二十年的投资生涯中，对生命健康科学的执着追求，使得他总是能在关键时刻捕捉到行业风口，再用资本默默按下加速键，推动一个个潜力股成长为行业翘楚。

仅 2020 年，燃石医学、稳健医疗、奕瑞科技，以及二次上市的再鼎医药等，红杉中国均为其最早的投资机构之一。如果将时间线拉长，人们能得到一份长长的企业名单，上面有红杉中国投资的上百家医疗健康企业，其中超 60% 的投资始于 A 轮，其余则是在种子期或 B 轮介入，投资标的包括国内 A 股上市的健帆生物、贝达药业，在港股上市的启明医疗、信达生物，以及登陆美股的再鼎医药等，这些企业围绕医疗健康创新，构建起庞大的商业生态体系，也组成了红杉中国在医疗健康领域的深厚布局。

沈南鹏曾说，红杉中国的目标是成为顶级、高成长企业最早和最重要的投资人。他在医疗健康业界展现出的投资风格，似乎正在印证这个目标。今天，红杉中国不断向着产业的前端迈进，其不再局限于在创业者中发掘机遇，而是深入产业、大学实验室及研究机构，积极寻找潜力创业者，并助力其将科技成果高效转化为商业硕果。毕竟，投资注资只是开端，在实现投资回报的同时，持续陪伴优秀企业成长，并见证其在不同发展阶段创造社会价值——只有这样的完整体验才能让沈南鹏和他的团队心安。

叩响加密领域的大门

2021 年 12 月 8 日是许多人生命中的普通一天，但对全球加密市场而言却是新时代的开始。这天，美国红杉基金的推特主页悄然改变，虽然头图仍是"我们助力勇者，缔造传世企业"（"We help the daring build the legendary companies"）的经典口号，但主页简介却出现了多个艰涩的术语，诸如 DAO（Decentralized Autonomous Organization，去中心化自治组织）、Buidl（行业俚语，源自"Build"的故意拼写错误，强调坚持开发、推动生态落地的实干精神，反对空谈炒作）、LFG（Let's Fucking Go 的缩写，加密社区表达兴奋、鼓舞或对项目支持的俚语）等。圈外人士困惑不解，以为是红杉基金的推特管理出了问题，而加密圈人士则议论纷纷，因为这显然是代表红杉资本即将大步迈入加密货币领域的明确信号。

就在前一天，红杉印度的推特号率先修改了简介。他们不仅将所在地定位为元宇宙（Metaverse），还在文字简介中使用了大量加密货币词汇，表示要将所有人带向元宇宙乃至更远的领域。

同时，红杉中国也不平静，中文互联网上出现了一则微信聊天截图：在与蜻蜓资本创始人冯波的交谈中，沈南鹏豪言壮语，表示要"All in Crypto"（全押加密）。消息传出后，尽管红杉中国并未对此发表评论，但这一举动被众多观察者解读为红杉中国即将深度介入加密货币企业的信号，并将其视为全面战略转型的关键一步。

其实，无论是加密货币、元宇宙还是 DAO，红杉资本早已洞察了这些新兴名词共同折射的巨大机会，那就是下一代互联网（Web3.0）。在这场即将到来的变革风暴中，沈南鹏不能缺席，红杉中国必须在场。

沈南鹏对这场风暴的预感源自 2014 年。那年 3 月，红杉中国向火币网投资数百万美元，这是红杉中国首次公开披露的涉足加密领域的投资。火币网成立于 2013 年，是一家全球性数字资产交易平台。2018 年，火币收购了香港主板上市公司桐成控股，更名为火币科技，其股权情况首次为对外披露——红杉中国在其中占有 23.3% 的股权。

火币网并不是红杉中国唯一看中的选手，沈南鹏又先后投资了多家知名加密货币交易平台。尽管沈南鹏多次公开表示自己不懂区块链，但业内人士却观察到相反的情况：沈南鹏领导的红杉中国不仅投资了加密交易平台，还将资本触角伸向行业的上下游，涵盖矿机制造商、底层技术开发、加密金融服务以及上下游应用等多个细分领域。

矿机厂商和交易所一样，都处于加密产业的上游，红杉中国也投资了全球最大的矿机企业比特大陆。

2013 年，比特大陆科技有限公司在北京成立，其主要产品名为"蚂蚁矿机"（ANTMINER）在行业内长期保持技术优势地位，客户也覆盖了全球上百个国家和地区。2017 年 8 月份，红杉中国领投了这家企业 A 轮 5000 万美元融资，到 2018 年，红杉中国又继续跟投了 2.9 亿美元的 B 轮融资。

正是这一年，比特大陆成为全球最大的矿机公司，其利润不断上升，抢尽了行业的风头。到 2020 年末，由于比特大陆的创始人詹克团和吴忌寒经营理念不产生分歧而形成矛盾，坊间还传出沈南鹏居中调解的说法，无论他是否真正扮演了这一角色，比特大陆的拆分最终成功了。吴忌寒团队获得了 BTC.com、比特小鹿与海外矿场的业务，估值 9000

万美元；詹克团则以 6 亿美元收购了对方以及其他创始股东手中的股份，继续掌控比特大陆的矿机、AI、蚂蚁矿池、国内矿场等业务。

尽管詹克团领导下的比特大陆直至 2025 年 4 月都未能成功上市，但在 2018 年，该公司曾尝试赴港 IPO，并向外界公开了部分财务数据。数据显示，2017 年比特大陆实现了 12.5 亿美元的净利润，而 2018 年第一季度净利润便高达 11.4 亿美元，由此不难推测红杉中国所获取的丰厚回报。如果比特大陆上市成功，很可能是沈南鹏继美团之后的又一次辉煌投资案例。

在矿机领域，红杉中国的投资行动远不止此，凭借沈南鹏的精准眼光，他们还"提前"投资了后起之秀比特矿业。

比特矿业原名 500 彩票网。2020 年之前主营在线彩票销售，有将近 20 年的行业领先经验。2013 年，500 彩票网成功在纽交所挂牌上市，开盘价 20 美元，融资 1.2 亿美元，成为中国第一家赴美上市的彩票网站。沈南鹏作为红杉资本的合伙人，对 500 彩票网的前景充满信心，提前认购了 2000 万美元的可转债，并在 IPO 时交割了 1500 万美元的私募普通股。此后，红杉中国始终持有 500 彩票网的股票，直到成为比特矿业的第三大股东。

手握加密圈食物链最顶端的交易所和矿机厂商，红杉中国有充足的底气逐渐将资本布局延伸至区块链底层技术、加密金融服务和各类应用场景。2020 年 8 月，他们参与到标信智链（公共资源交易区块链平台）的 A 轮融资。2021 年 5 月，他们又参与了贝宝金融（加密资产金融服务商）的 5000 万美元 A 轮融资。

除了亲自下场投资外，红杉中国还采取了更为灵活的策略。2021 年 1 月，红杉中国宣布完成了对蜻蜓数字资本的投资，成为其战略合伙人。蜻蜓数字资本是一家专注区块链行业的风险投资基金，红杉中国参与其中，将能投资更多的早期项目，深度参与全球区块链生态体系的布局。

不过，加密项目毕竟是新生事物，面临着全球各国政府法律和政策上的差异性，其风险之高不言而喻。2022 年 11 月，红杉资本投资的 FTX 交易所平台币突然遭遇大量抛售，引发恐慌性挤兑。当月，FTX 宣布破产，超 10 万名债权人受影响。在这场被称为"加密圈的雷曼时刻"事件里，红杉资本（美国）遭遇了少见的惨败，损失金额超过 2.135 亿美元，其中有不少也是红杉中国参与的基金。

尽管遭遇重挫，但沈南鹏并未因此退缩，反而更加审慎地评估区块链项目。从 2023 年开始，红杉中国显著减少了对中心化加密交易所的投资，转而更多聚焦加密项目的低风险领域。

在加密这块新兴的大陆上，沈南鹏以往的经验正在面临新挑战。但他不可能退缩放弃。这不仅是他的个人想法，更是风险投资的形势所逼。从 2018 年以来，面临国内外互联网创业项目的发展速度不断放缓的现状，优质的早期投资标的正在减少，投资机构之间的竞争也越发激烈，而加密项目、区块链、元宇宙等领域，才是极少数表现出巨大潜力的赛道，谁也不知道顺着这条赛道冲下去，人类会建成怎样的新世界，但探索却是必须的。

面对不断涌现的挑战和机遇，沈南鹏和红杉中国需要继续尝试，他们手中那份加密领域的投资版图，也需在动态调整中不断明晰。

眺望 AI 事业

2022 年 11 月，美国开放人工智能（OpenAI）公司发布了全新人工智能模型 ChatGPT-4。这是一款聊天机器人程序，它接受了预先训练，建立了自身的大模型，能根据统计规律生成回答，也能根据聊天上下文进行互动，为人工智能的对话能力设立了新标杆。

ChatGPT 的发布，迅速在全球范围内引起了轰动，尤其让人工智能领域创业者为之激动。

在中国，杨植麟预见了新机会的到来。他判断，通用人工智能（AGI）技术实现飞跃的关键条件已逐步成熟。在这一天到来之前，发展了 20 多年的互联网积累了海量数据，为人工智能技术发展提供了丰富而优秀的训练素材。支持超大浮点数运算的算力基础设施也已成熟，而 2017 年出现并应用的 Transformer 架构也能有效支持规模化训练……杨植麟迫切地感到，自己必须把握住这一波浪潮，走向创业征程。

杨植麟并非人工智能行业的新人。儿时，他曾梦想成为流浪诗人或摇滚明星，但 2015 年，他却以年级第一的成绩从清华大学计算机系毕业，随后进入美国卡内基梅隆大学语言技术研究所攻读博士。此间，他还参与了循环智能公司的创建，主要为企业客户（B 端）提供行业大模型和会话智能解决方案及产品。毕业后的几年，华为云的盘古大模型、智源研究院的悟道大模型，也都有杨植麟的深入参与。在积累丰富研发经验的同时，他意识到，在人工智能领域要想取得真正的飞跃，唯有创立属于自己的企业。

ChatGPT 的横空出世，让杨植麟感到机会不容错过。2023 年初，他果断和循环智能达成共识，以他为核心，率领 5 人创始团队成立月之暗面公司。

杨植麟独立创业的消息传开，行业为之振奋。杨植麟被誉为"国内 90 后 AI 第一人"，师承中美 AI 顶尖导师，发表多篇世界顶级论文，并且早在 2018 年就开始研发基于变换器（Transformer）模型的语言模型，诸多闪光点都让他成为投资机构眼中的天命之子，也让他创办的公司有了令人遐想无穷的可能。

在一众看好杨植麟的投资人中，嗅觉最敏锐的当数沈南鹏。除了对人工智能赛道的长期关注外，沈南鹏更是循环智能的投资人。早在 2020 年时，红杉中国就向这家企业领投了 1200 万美元的 A+ 轮融资，从这个层面看，沈南鹏更像是长期观察者，始终在关注杨植麟的成长和选择。

到 2023 年初，沈南鹏或许是意识到杨植麟更适合大模型的赛道，或是认为月之暗面的商业模型会比循环智能更适合这位年轻的技术天才，无论如何，当众多曾投资循环智能的机构仍处于犹豫观望之际，红杉中国已抢先一步，主动与月之暗面公司建立联系。毕竟，杨植麟从大洋彼岸得到的消息是融资窗口"只有一个月"，这令他对于融资事宜显得尤为急切。

短暂的沟通中，红杉中国对月之暗面给出了 1 亿美元估值。但杨植麟不同意这个估值，他要求提高到 2 亿美元估值。就在交易即将尘埃落定时，今日资本以其敏锐的商业嗅觉强势介入，一举将估值抬升至 3 亿美元，并带动了其他两家投资机构跟进，提高了各自的估值预期。

最终，得益于沈南鹏的抢先一步，红杉中国以较低估值领投天使轮投资。2023 年 6 月，月之暗面获得了总计 20 亿元人民币的融资，投资机构包括真格基金和红杉中国，公司估值达 3 亿美元。到 2024 年 2 月，红杉中国再次领投了 A+ 轮融资。这一次，投资机构名单变得更长，跟在红杉中国后面的有小红书、美团龙珠、阿里巴巴、招商局中国基金、蓝驰创投和砺思资本等，融资总金额达到 10 亿美元，企业估值也上升到 25 亿美元。

尽管吸引了如此众多的优秀投资机构，但这家年轻的企业只有一款产品，即人工智能聊天机器人 Kimi。2023 年 10 月，这款产品首次亮相，支持输入的长文本达到 20 万字，在对话框容量上达到全球第一。2024 年 2 月，Kimi 升级版发布，单次处理能力提升至 200 万字，再次刷新纪录。这意味着 Kimi 的大模型将支持更为复杂的计算，覆盖更多专业领域。消息传出，资本市场上先后掀起"Kimi"概念热潮，用户访问量激增迫使月之暗面在短时间内多次扩容……

沈南鹏做出投资月之暗面的决策并不容易。在 Kimi 诞生之前，杨植麟就以打造面向 C 端的人工智能为己任，但在此前很长时间里，类似的商业模型并未在国内取得成功，反倒是循环智能选择的 B 端市场有更高确定性。但多年关注 AI 行业的沈南鹏意识到，杨植麟的技术能力、丰富经验和商业敏锐度，很快就能在新的市场环境内发生化学反应，有很大可能创造出前所未有的价值。

而更现实的是，应用人工智能的商业化进程不可能从闭门造车开始，唯有迅速与用户共享共创，方能获取足够的高质量数据，用来打磨模型应用场景，持续迭代优化，最终实现商业价值落地。

这一切，都促使沈南鹏在短时间内下定决心，向月之暗面注资。

实际上，沈南鹏看好的不止杨植麟。彼时，他同样洞察到了人工智能行业发展的必然转折点。在投资月之暗面前后，他也向多家人工智能企业投出了筹码。

2023 年，从美团退休两年的联合创始人王慧文突然宣布重返江湖，成立了一家名为光年之外的通用人工智能公司。红杉中国也参与了其早期融资。虽然光年之外并没有提出明确的商业模式或技术应用方向，但沈南鹏依然选择下注，他不仅高度认可王慧文的个人影响力和资源整合能力，还渴望抓住国内 AI 应用领域涌现出的潜力领军人物。遗憾的是，光年之外最终未能如预期般耀眼，王慧文由于健康问题离岗，公司最终被美团以净现金等价金额收购，并原价退还了红杉中国等机构投资者的投资款。

除了上述两家公司外，红杉中国还投资了智谱 AI（大模型），地平线（自动驾驶芯片）、文远知行（L4 级别自动驾驶）等技术应用层级的企业。在硬件领域，沈南鹏也将 2023 年 11 月创立的穹彻智能纳入红杉中国的投资范畴，该公司专注于研发具身智能大脑和实体世界大模型，旨在让机器人能够像人类一样感知和学习物理法则，进而在现实环境中高效执行各种操作任务。红杉中国连续三轮投资了这家公司，表明沈南鹏对具身智能领域的战略信心。在资本的推动下，穹彻智能的产品已经展示出现实的可行性。在 2024 年 7 月举办的世界人工智能大会上，该公司的具身智能大脑产品部署到了双臂机器人、单臂移动机器人身上，成功执行了整理收纳物品、叠衣服、削黄瓜等任务。

2024 年开始，人工智能产业的集中爆发，给投资机构带来了一场极为特殊的机遇。这场机遇诞生于比过往更复杂的环境中，同时也支撑起远比过往更为宏大的社会进步图景。短短两年内，红杉中国的资本已经渗透至人工智能的基础层面、应用层面和硬件领域，而沈南鹏深知，这只是宏大故事的序章，那些属于人工智能的机遇和挑战，正在陆续到来的路上。

减持退出，为了更好的下一次

流动创造新生。风险投资的至高智慧，不仅在于捕获眼前利益，更在于精准把握时机，通过科学的投退决策实现资本的高效流转。身为风险投资人，犹如指挥千军万马的将领，不仅要知道何时大举进攻，也要懂得何时有计划、有秩序地撤退，以此应对不断变化的市场形势。

资本退出企业看似冷酷，实则属于市场经济创新生态的必要机制。对此，沈南鹏早在 2005 年创建红杉中国时就心知肚明。一路走来，他不仅持续提升投资能力，也将退出策略作为关键环节。因为只有实现成功的价值兑换退出，才能为投资项目画下完美的句号，履行对资本的责任。

虽然如此，大规模风险资本的进退动向，总是会引起业界的关注。

2023 年，受国内 IPO 政策的阶段性收紧影响，红杉中国加快了退出节奏。当年 8 月起，通过大宗交易和集中竞价方式，红杉中国先后减持东鹏控股、慕思股份、格灵深瞳等 12 家 A 股上市公司股份，沈南鹏主导的这一系列动作虽然是对市场环境的正确反应，但也引起了外界舆论的过度讨论。

2014 年，红杉中国参与了格灵深瞳的 A 轮融资，对其前景寄予厚望。2022 年 3 月，格灵深瞳成功上市，招股书显示，企业在 2017 年 1 月的最近一轮即 B 轮融资估值约 5 亿元，这意味着当初沈南鹏投入的资本不足 5 亿元。而上市后，格灵深瞳最高市值超过 70 亿元，相较于 B 轮的 5 亿元估值已增长了 13 倍，红杉中国的投资跨越 7 年时间而获利丰厚。

然而，在 1 年锁定期后的 2023 年 3 月，红杉中国对持有的股份进行了大幅度减持，根据格灵深瞳公告，从 2023 年 4 月 19 日至 2024 年 6 月 18 日，红杉中国的持股比例从 10.49% 降至 5.49%，权益变动累计达到了 5%。

有人据此认为，红杉中国在格灵深瞳上市一年后就迅速减持，或反映其对这家公司长期发展潜力信心不足，甚至还有人说这是"弃如敝履"。尽管红杉中国对此做出了解释，称减持本身就是风投基金正常的退出流程，但舆论还是将之和早期投资机构的责任履行问题挂钩。

沈南鹏并没有回应这些疑问，而是继续专注于自己的工作。只是当年 6 月 21 日，有位了解红杉中国的知情人士对外界透露说，红杉中国投资了格灵深瞳七八年，在上市后退出是完全正常的商业行为，并非对公司前景持负面看法。如果说这是"套现"，那更是文不对题，"套现"这个词应该指向公司所有者或者创始人，而红杉中国这样的机构股东需要正常减持，将收益部分分配给基金本身的投资者。

放眼望去，类似的减持退出，在红杉中国运作历史上并不少见。

时间回到 2016 年底，一家名为清科私募通的机构发布统计数据显示，红杉中国自成立以来已投资了 494 个项目，其中 92% 集中在天使轮至 C 轮阶段（包括天使轮、A 轮、B 轮和 C 轮）。但在 494 个项目里，只有 50% 左右的项目能进入后续融资阶段，而且随着轮次推进，红杉中国的跟投比例呈递减趋势。例如，进入 C 轮的投资有 82 起，进入 D 轮的变成了 26 起，进入 E 轮的只有 15 起，而有资格获得 F 轮投资的企业只有寥寥 11 家。

此外，在红杉中国十年投资项目中，已有 82 家实现退出。其中

48 家是通过上市退出，24 家通过并购退出，7 家通过股权转让退出，3 家通过管理层回购退出，退出率为 16.6%。作为创办十年的风险投资机构，这个数字无论是在国内还是国外，均堪称卓越。

到 2018 年时，红杉中国的减持与退出节奏未放缓。这一年，其成功助力 14 家企业上市。包括在 A 股上市的德邦物流、爱奇艺、药明康德，在港股上市的美团点评、信达生物，在纳斯达克上市的拼多多，以及在纽交所上市的蔚来汽车等，其中多家企业都是红杉中国在 A 轮就投资进入的。这一系列的上市与减持行动，犹如见证昔日播下的种子绽放硕果，在享受成功喜悦的同时，也再次向世人展示了沈南鹏对资本的精准操作节奏。

其实，对风险基金的运作方式稍有了解，便会知道风险投资过程包括基金募集、基金投融、投后管理和资本退出四个阶段，业内称为"募投管退"。即便沈南鹏身为红杉基金的掌舵者，但他也要恪尽职守，为基金的有限合伙人服务，他必须确保有足够的收益提供给基金的有限合伙人，而减持正是必要的途径。

除了兑现收益外，减持退出的另一个作用在于规避风险。沈南鹏曾公开表示："作为投资者，特别是在风险资本领域，处理不确定性是一个持续的现实。这些不确定性来自多个来源。我们的投资组合公司面临固有的商业不确定性，也面临更广泛的挑战。金融市场的波动甚至可以影响早期公司，影响其资本的可用性和风险融资能力。"

因此，当沈南鹏开始减持时，并非他对公司前景的否定，也很可能是他基于风险管理的理性选择。在这方面，他和美团之间的关系便是例证。

2024 年 6 月，美团在股东周年大会结束后宣布，沈南鹏因工作安排将退任非执行董事一职。沈南鹏在担任美团非执行董事期间，为公司提供了投资及业务战略方面的建议，并为美团上市后成为市值最高的港股新经济公司之一做出了贡献。至此，沈南鹏与美团的关系进入新阶段。这一决定看似突然，实则符合沈南鹏习惯的投资策略。

早在 2018 年美团登陆港交所时，红杉中国对美团的持股比例达到 12.5%，但从 2021 年开始，红杉中国通过多次出售股票或派股给有限合伙人持有等方式，大规模降低了持股比例。这一年，红杉中国减持最密集的时段为 10 月，但"巧合"的是，当月美团就因为违反了反垄断法规，被相关监管部门处以 34 亿元巨额罚款。或许，这样的"巧合"更能证明沈南鹏对投资不确定性的把控能力。

除了对格灵深瞳、美团的减持退出外，沈南鹏在拼多多、京东、达达集团等项目中同样展现了精准选择退出时机的能力，其表现往往堪称职业投资人的范本。这些减持行为，既体现了对收益最大化的精准把握，也展现了对市场风险的敏锐预判，更是他不断优化投资组合策略的有力证明。正是在无数个挑灯夜战的精密测算中，在一场场集思广益的战略决策会议上，红杉中国在沈南鹏的带领下，持续书写着资本运作的壮阔篇章，将投资的艺术推向全新高度。

独立的中国红杉

2023 年 6 月 6 日，红杉资本宣布将在次年 3 月 31 日前实现全球三大区域（美欧、中国、印度和东南亚）基金的完全独立。

一个月后，红杉资本多位重要合伙人宣布离职，包括在公司工作了 38 年的传奇投资人迈克尔·莫瑞茨。

来自大洋彼岸的消息令人目不暇接，全部指向同样的事实，即红杉中国将在沈南鹏领导下走上全新发展之路。

2024 年起，红杉中国启用新的品牌。在红杉全球分拆后，红杉美欧地区保留其 "Sequoia Capital" 的品牌名，红杉印度及东南亚地区则采用新品牌 "Peak XV Partners"，而红杉中国则继续使用原有的 "红杉" 中文品牌名，并改用新的英文品牌名 "HongShan"，这不仅有利于保留其在中国市场的品牌影响力，也寓意着红杉中国在本土化道路上的进阶与升华。

随着品牌的独立，业务也实现独立。这三家新的风投公司将使用自有的基础设施、人才团队，每个公司的合伙人不再相互投资对方的基金，区域基金之间的利润分享、后台功能协作也在 2023 年底之前停止了。

无论内心是否期盼这一天的到来，沈南鹏都能预料到这次分拆的发生。实际上，他与红杉资本结缘，本身就是这家投资机构在中国走向本土化的美好开篇。

早在 2004 年，红杉的二代掌门莫里茨就发现了海外投资的深层问题所在。他认为，美国投资机构在海外犯下的大部分错误，都在于选择了错误的人，并误以为在美国适用的方法也能适用其他地区。他说："在美国很多大公司的领导者并没有时间来到中国，亲身体验和感受中国发生的变化。其次，可能有些人本身有一些傲慢的情绪……再次，对于很多企业领导者来说，他们可能是出生在 20 世纪 60 年代，其看到的中国可能是片面的……最后，新闻报道产生了很大的影响。"

莫里茨对西方和中国之间存在的现实差距有着深刻认识，他知道美国投资者不可能靠坐飞机跨越太平洋两岸来了解中国。因此，他早在 2005 年就下定决心改变红杉在中国的投资方式。在这种思想的引领下，红杉慧眼识珠，选中了深谙中国市场并拥有国际眼光的投资家沈南鹏，由他带领红杉中国团队，推进本土化战略投资。

然而，随着客观形势的变化，到 2023 年时，红杉资本已从主动扶持培养红杉中国，到必须放手让沈南鹏们高飞了。尽管红杉资本曾经主导数十年的美国风投领域，但却在 2022 年前后遭遇了一系列挑战：先是在美股高点时打破常规，成立了不设存续期的"红杉基金"，在股市下跌时承受了大幅回撤。随后，对 FTX 的投资造成其史上最大滑铁卢，亏损 2 亿多美元。此后又在马斯克收购推特证件中承受大笔浮亏。

与此同时，红杉中国却超越了传统风险投资的定位，正在朝向更多元化、更长链条、更具成长性的方向进发。与另外两家公司相比，沈南鹏独具慧眼，从初创期便开始布局医疗健康与传统消费领域，这些领域如今已成为红杉中国的独特标签。在互联网项目中，红杉资本通过其中国分支红杉中国持有字节跳动超 10% 的股份，根据 2020 年的数据，这部分股份的账面价值超过 220 亿美元。此外，红杉资本还通过投资美团和大众点评获得了显著的盈利。这些投资的成功为红杉资本提供了底气，以扩充其基金数量，覆盖更广泛的投资环节和方向。例如 2018 年时，红杉中国就单独设立"种子基金"，专用于创业者最初的投资项目。2020 年后，红杉中国再度发力，成立了两支公开市场投资基金及一支新基建基金，以拓展更为广阔的投资版图。

除了扩大国内投资范围外，红杉中国也在积极布局海外投资。2018 年后，他们的投资轨迹遍布日本、韩国、澳大利亚，其并购团队也不断出手，先后完成对法国设计师品牌 AMI 的控股，收购了欧洲时尚服饰品牌 Holzweiler 等。此外，在东南亚和中东，无论是当地华人的创业进程，还是土生土长的本地创业者项目，红杉中国均有参与。

凭借卓越的投资业绩，沈南鹏再度荣登 2023 年福布斯全球最佳创投人榜首，这已是他第四次获此殊荣。此前，他曾在 2018 年到 2020 年之间连续三届成为该榜单的最佳创投人。

对于整个投资机构来说，更重要的荣誉还在于资金来源。

长期以来，红杉资本的资金以美元为主，其有限合伙人多为美国本土的慈善基金、大学捐赠基金等。然而，在沈南鹏的引领下，红杉中国成功将合作网络扩展至欧洲、中东、亚太等多个非美地区，吸引了更多全球化和多元化的投资者加入。在分拆前一年的 2022 年 7 月，红杉中国披露还完成了四只新基金的募集，其募资均由红杉中国团队独立完成。而在资金规模方面，截至 2025 年初，红杉中国已经掌管了 560 亿美元的基金规模，彰显其在中国市场的显著增长。

总之，在沈南鹏的带领下，红杉中国从最初的分支机构蜕变为具有全球影响力的投资机构，今日的行业地位与当年不可同日而语。它曾如同一个勤奋好学的少年，但如今已成长为一个傲立于世的成熟机构。在经营模式与投资理念上，红杉中国与国情紧密结合，打造出独具特色的投资体系。这让红杉资本确信，当红杉中国摒弃了外资身份，自身会得到更有利的发展，而其他两家红杉公司也能更好地与之展开竞争。这样的结果顺理成章，也是沈南鹏所向往的。

独立之后的红杉中国保持了原有的上升势头。2025 年 2 月 12 日，其投资的古茗茶饮在港交所上市，当天就打破了新茶饮的"破发魔咒"，此后的数月里，股价连续上涨并翻倍，在带给投资者惊喜的同时，也让红杉中国的胜利史上又多了一个成功案例。早在 2019 年，红杉中国就领投了古茗茶饮上市前的唯一一轮融资，共注资 2 亿元人民币，持股 4%，成为第二大机构股东。古茗上市后的良好开端，让红杉中国看到了现制茶饮行业的更多可能。

实际上，2025 年年初上市的蜜雪冰城也同样带来了惊喜。这家茶饮企业在港交所正式发行前引入了 5 家基石投资者，红杉中国也是其中之一，共认购了 6000 万美元。随着蜜雪冰城的股价翻倍，红杉中国盈利退出已成定局。

这一年年初的海外投资也传来捷报，红杉中国以 11 亿欧元估值控制了法国马歇尔集团（Marshall Group）的多数股权。这是一笔非常精明的收购，具有沈南鹏的个性特征，这家音响企业的全球营销业绩在近年来不断上升，其品牌在中国也尤其受到欢迎。红杉中国的收购既针对海外，也与国内庞大的消费市场的深耕紧密联系。

在独立之前，红杉中国已经走过了 18 个年头，这正是中国公民成年的年龄。在沈南鹏的带领下，这家备受尊敬的投资机构，未来还将继续书写更多辉煌的十八年篇章，与创业者合力培养出真正值得写入历史的优秀企业。正如沈南鹏常引用的那句红杉格言："最好的投资，是下一个投资。"

第十章

专注最重要的事

　　多年来，沈南鹏的人生剧本总是交织于双重角色。身为数学研习者，他选择了商业生涯，而作为投行精英，他又转向创业。当携程、如家这两张通往纳斯达克的门票已足以诠释他的精彩人生时，沈南鹏又变成了战略投资棋手，在红杉中国的棋盘上重新定义投资。

　　变化不仅是身份的转换，更是视野的拓展。回国之初，当多数海归精英还沉浸于华尔街的光环时，沈南鹏已将目光投向中国旅游市场的草莽江湖。当携程市值突破百亿时，他选择退居幕后，成为创业者背后的"创业者"。正是这种先成就自我，再助力他人的良性循环，汇聚成了推动时代前行的磅礴力量。

　　一路上，既有高歌猛进，也难免遭遇坎坷。如何保持决断力，如何在逆境中做出选择，沈南鹏说："不要抱怨也不要放弃，专注做最重要的事。"

创业是一场长跑

从黄浦江畔的携程呼叫中心，到遍布中国的如家酒店招牌，沈南鹏仅用短短六年，就参与缔造了两家纳斯达克上市企业。但他的创业之路并非只有神奇爆发，而是遵循着快与慢、动与静的辩证法则。正如他所说："创业是一场长跑，不是短跑。要跑到最后，必须注意节奏和体能。"

无疑，创业者需要火热的激情。但当他们冲出起跑线后，更需要冷静的头脑和坚韧的意志。当绝大多数人听说创业者的名字时，总是会将之和敲钟上市联系起来，但沈南鹏身体力行的创业，是从最基本的日常运营开始的。当他还是携程 CFO 的时候，他不仅要着眼于财务规划、融资策略及上市筹备等重大事项，还需倾注大量时间与精力在日常运营管理中，特别是携程初创时期至关重要的三次并购整合中，他还要与梁建章携手策划并推行六西格玛管理体系，力求使携程网的服务品质达到业界顶尖水平。

不少人对沈南鹏在携程创业团队的角色存在误解，认为他更多凭借投行的出身背景，有足够的经验和资源，创业不过是水到渠成。但沈南鹏自己知道一路走来遇到的艰辛。2000 年时，携程做过一些广告宣传，效果却不尽如人意、市场反响平平。直到后来在香港路演时，投资银行对国内互联网企业的热情也不高，作为携程上市保荐人的美林公司，只能临时找来航空业分析师写分析报告，沈南鹏亲自上阵，逐字推敲，最终打动投资人。即便是熟悉的融资方向，当他自己在赛道上拼搏时也变得同样陌生。沈南鹏曾回忆说，携程在 2000 年 4 月拿到的第一笔 500 万美元投资相对容易，但由于业绩下滑、盈利不足，2001 年 11 月到位的 1100 万美元融资就来得非常艰难。面对重重挑战，他以坚定决心迎难而上，矢志不渝地寻求克服之道，并且深信每一次试炼都是通往更高境界的宝贵机遇。

其实，如家的创业也并非一帆风顺。相对携程，如家更为传统，其提供的服务以酒店实体住宿为主，只不过在管理运营方面融入互联网技术优化。无论在客户体验还是融资"讲故事"环节，如家都缺乏绝对优势。不仅如此，为了降低成本且提高服务质量，如家选择了租房模式。然而，当时房地产价格居高不下，租期动辄 10 到 15 年，其成本之高让如家难以承受。更惊心动魄的是，2003 年"非典"肆虐，全国旅游业、酒店业一片萧条，此时的如家正在迎难而上，如果稍有不慎就可能资金链断裂。面对这些，沈南鹏和季琦都没有放弃，整个团队也坚守初心，既做了最坏的打算，也在积极寻找生机。如家最终渡过了难关，走向成熟。沈南鹏由此深知，创业不仅是资本的较量，更是对团队韧性和创新精神的长久考验。

走过这一切时，沈南鹏始终保持着长跑的心态，倘若缺乏坚韧和耐心，便无法在千头万绪的细节中打磨出卓越的企业，更无法体验冲过终点时的喜悦。

考验创业者的并非只有困难，还有如何在顺境中保持冷静和前瞻性。沈南鹏知道，凡事不能着急，也不能心有旁骛或急于求成。2002年开始，携程的发展日渐顺利，沈南鹏团队面临着新的选择，是卖掉企业还是继续做到上市。在当时的互联网领域，先创立公司再卖出以获取利润的先例并不少。如果携程选择卖掉，创业团队可能获利数千万美元甚至数亿美元，实现个人财务自由没有问题。但沈南鹏认为，创业不仅是追求财富，更是要将之作为能传承给后人的事业，打造对社会有价值的长期品牌。正因如此，他坚决反对售出公司，虽然有些股东不理解，但最终大家都知道，他是对的。

面对艰难险阻，不退缩、不分心仅是成功的起点，创业者更需时刻保持自我审视、精准定位，方能稳步前行。三十年来，无论外界环境如何变化，是大学校园，还是企业的会议室，或者是商讨投资的谈判桌前，沈南鹏都坚信成功属于那些通过各种方式不断提升自我核心竞争力的人，成功的企业也同样如此。

一个人想要成功，就要先了解自己，明晰自己的核心竞争力，再将其转化为优势不断深化。沈南鹏曾经是众人眼中的数学"天才"，但当他到了美国，才发现与顶尖选手相比，自己的数学研究资质相差甚远。于是他毅然放弃曾经以为的优势，转向金融财务领域。基于同样的原因，创办携程初期虽然他出资最多，但推辞了 CEO 的职位，而是选择担任 CFO。事实证明，在"四君子"时代，携程的 CEO 既可以是季琦，也可以是梁建章，但 CFO 只能是沈南鹏。

沈南鹏对定位理论必然有过深入研究，才能总是在组织里找到最适合自己的位置，也为企业找准市场位置。当携程初出茅庐时，很多人觉得携程缺乏核心技术，甚至在上市路演时，投资者还是心存疑虑，携程凭什么能保持高利润率和增长率。沈南鹏的答案是："市场定位是关键。"携程将自身定位为"鼠标＋水泥"的服务企业，凭借强大的线上营销模式和创新的用户服务体系，在激烈竞争中实现突围。而如家的兴起，更是以精准定位填补了市场空白，将整洁、规范、安全和廉价四大要素结合，满足了巨大的市场需求。

创业是一场长跑。长跑者注定要忍耐压力、迎接困难、拒绝诱惑，长跑者也必须在每一次呼吸中找到节奏，在每一个步伐中积攒力量。这正是沈南鹏创业理念的精髓所在。

认知升级与路径抉择

和许多人一样，沈南鹏是改革开放伟大时代的受益者。一路走来，他顺应了社会发展的脉搏，在纷繁复杂的选择中摒弃错误、跨越障碍，才有了今天的成就，这是他的创业之路、投资之路，也是属于他的认知升级之路。

认知在变革中得以升级。沈南鹏曾说："创新可以视为实践企业家精神的一种工具，它的驱动力在很多时候源自市场结构的变化与人群的认知变化，这往往是在潜移默化中出现的市场机遇。"相对于宏观的市场结构变化，认知变化才是个体更容易做到的突破。唯有深入理解当前环境的实际需求，并清晰认知自身的优势与局限，才能使认知的变革不断深化，进而拓宽我们的视野，形成认知与视野相辅相成、互为促进的良性循环。

在创立携程之前，沈南鹏就经历了悄无声息的变革。从高校学生到投行职员，从华尔街回到中国，他在实践中认识到属于自己的机遇不在艰涩高深的理论殿堂，不在欧美的繁华世界，而是在古老而年轻的中国市场经济大地上。

如果将发生在那些年时间线上的一系列事情倒推回看，人们就会了解到，当沈南鹏突破了对互联网商业认知局限的那一刻，才是他真正开启成功之旅的起点。在 21 世纪初期的中国，很少有人能理解什么是互联网电商，也很少有人能说清楚怎样将看似复杂的 IT 技术和传统行业相结合。但随着认知的不断提升，沈南鹏对此有了更为清晰而深刻的理解，并形成了自己独到的见解。越是认知深刻，就越是能占据有利视角，去观察和判断芸芸众生的需求与痛点，再将之和互联网世界结合在一起。

在沈南鹏和合伙人看来，互联网创业的盈利模式越是简单，就越容易成功，因为简单意味着更低的门槛和更快的普及，用户接受度高、市场反应迅速。因此，谷歌和百度的模式核心在于"卖广告"，各类网络游戏靠"卖点卡"或者"卖装备"盈利，亚马逊和淘宝等电商则是通过"卖商品"赚取差价，也有靠卖空间、卖域名等方式盈利的互联网项目。沈南鹏没有选择这些竞争激烈的路径，而是果断地将携程的发展之路确定为"卖预订服务"，其中不仅包括预订酒店的服务，还很快加入了预订机票、预订车辆的服务，形成一站式旅行解决方案。此后，携程团队领导企业所做的一切事情，都是围绕服务的核心而进行的，这使得携程能在短时间内迅速崛起，成为行业翘楚，并很快孵化出了如家酒店品牌。

变化，是认知升级的重要形式，不变则是认知升级的内核。沈南鹏的认知水准之高，不仅体现在商业模式的选择上，也体现为他对风险的识别和把控。无论是创业还是投资，无论是在用自己的钱，还是在用别人的钱，他都会在享受风险带来的收益时，也能有效地控制风险。正如他自己所阐述的那样："假如我手上有 100 元，我可能只赌 20 元，因为我必须预留资金。"

在频繁跨越不同行业的征途中，沈南鹏始终保持着对风险的敏锐认知，这份坚持实属难能可贵。当初，尽管携程四君子组成的创业团队已非常完美，但沈南鹏还是做好了充分的思想准备，他甚至提前规划了退路，正如他后来说的那样："如果几年做不成，就再回投行工作吧。"到了如家阶段，出于控制风险的考虑，他又宁愿顶着伤害季琦感情的压力，也要对创业团队进行调整和重组，外界由此得知，无论沈南鹏的过往是否辉煌，目标是否宏大，他都不会在行事中做出破釜沉舟之类的事情，而更多人也因此愿意信任沈南鹏和红杉中国，他身上的稳健与远见，让他更适合从事风险投资这项本来就充满不确定性的工作，也让提供资金的有限合伙人更放心。

即便成为顶级富豪排行榜上的常客后，沈南鹏的个人生活也毫不高调，这同样与他对风险的厌恶程度有关。有段时间，国内富豪热衷游艇，但沈南鹏对此并不感兴趣。他的理由是："因为我发现小游艇晃得厉害，相对来说，我更喜欢高尔夫和爬山，海上的东西还不如在陆地上来得扎实。"或许这也解释了他宁愿错过京东、字节跳动等公司的早期投资机会，也要到自己看懂了再进入的原因。

沈南鹏无疑是幸运的，他在青春年少时便启动了认知升级的引擎，以此驱动着命运的巨轮滚滚向前。很多人穷其一生，也没有找到属于自己的角色，并非他们缺乏才智或价值，恰恰相反，他们被束缚在固有认知的牢笼中，满足于外界贴上的价值标签，习惯于当下的状态。他们以为自己坐拥了一棵树，却不知道失去的是整座森林。

世界上最可怕的局限在于认知局限，它如同迷雾般遮蔽了前行的视野，一旦你拥有了照亮迷雾的火把，眼前就会豁然开朗。然而这并非易事，打破认知局限既需要极大勇气和深刻的思考，还需要持续不断的行动。

沈南鹏的创业意识觉醒于 1996 年。从此时到 1998 年，是他从事投资银行的最后三年。他负责德意志银行在华债务部门工作，老板给了他很大权限，包括采用什么模式、建立多大团队等，这就让他必须专注思考，选择和市场不同的差异化竞争方法。

彼时，很多跨国投行在华分支机构集中于争夺大型国有机构的发债业务，沈南鹏并未盲从，而是努力反思：这些业务的利润并不理想，为什么很多人还是将精力集中于此？他自己探索出的答案是：拿下这些机构的项目，带给跨国投行的品牌荣誉感可能大于生意本身。于是，他决定反其道而行之，转向帮助企业发债。这些业务是当时的摩根士丹利、美林等投行不屑做的，但收益却相当不错。虽然从总交易额排行榜看，这些项目偏小，但他却觉得很有成就感，因为他只领导四个团队，却给德意志银行带来更高利润。1997 年，沈南鹏再接再厉，为五六家中国企业发债，到第二年，这些公司有一半面临资金短缺，虽然没有合同义务，但沈南鹏还是努力帮助他们寻找后续融资。

沈南鹏曾说，自己在这三年里"学到很多东西"，不仅是金融市场里那些循规蹈矩的操作流程，更是如何从战略上确立投融资路线，再深入到具体的项目进行规划。

类似这样的学习状态，沈南鹏从未停止过。红杉中国之所以能在多个领域取得显著的投资成就，与其在学习和投资策略上的广度和深度密不可分。他不仅会关注其他投资机构的动向，还会深入研究腾讯、阿里、携程这些互联网公司，学习他们的好做法。例如，他发现腾讯并非每件事都自己运作，而是喜欢借用合作伙伴的资源，将各种优秀的团队连接起来，共同创造价值。这样的做法让沈南鹏印象深刻并有意吸收。

当然，沈南鹏也为此付出了很多。多年来，他始终如一地过着"飞人"的生活，日常往返于香港、北京和上海之间，为了考察投资项目，他还要不断调整日程，去项目地考察、谈判。为了学习交流，他还会马不停蹄地奔走在各类科技公益活动中，例如设立"未来论坛"和"未来科学大奖"，表彰在基础科学界做出突出贡献的科学家等，既推动科技进步，又能提前洞悉前沿科技的发展趋势。

即便如此忙碌，沈南鹏也总是精力饱满，他走起路来速度很快，红杉中国的同事们经常跟不上他的步伐。其实，鉴于他的财富状况，他本无需如此奔波劳碌，但他总能从工作中寻得乐趣。因为每一次投资新项目，都会让他接触到全新的商业模式，即便项目最终未能如愿成功，他对世界的认知也会因此有所不同。

沈南鹏的认知决定了他的路。其实，越是伟大的时代，一个人通往幸福的路径也就越多。面对从脚下通往未知的种种可能，你会做出怎样的抉择？答案取决于你对世界的认知。

选项目有秘诀

红杉资本合伙人迈克尔·莫瑞茨曾言："我们希望投资的是其他人目前还不太懂，也不太能看得到的商业机会，或者是那些其他人因为担心风险而不敢投资的机会。这样当大家都看到生意的时候，我们所投的公司和它们的竞争对手已经有一定距离了，那么这些公司只能是追随者而不是领先者。"

当沈南鹏步入投资界后，秉持着同样的理念，致力于捕捉那些潜力并未充分展现的企业。在多年的投资历程中，沈南鹏形成了独有的投资秘诀。他曾将这套秘诀的基本主线归纳为三点：拥有具备强大执行能力的企业家、处于爆发性增长阶段的朝阳行业，以及良好的商业模式。而这三点都离不开对信息的获取、分析和判断。

企业家的信息被放在第一位，是因为沈南鹏将对人的考量放在最前。他曾说，在中国做投资和美国有所不同，有时候，"赌选手甚于赌赛道"。因此，只有展现出他认可的特质，创业团队才有可能获得他的青睐。

沈南鹏看重创业者的能力，更看重整个团队的视野、格局。他曾经表示，如果"创业者能力"和"创业者精神"只能二选一，他会优先考虑"创业者精神"。只有当创业者具备真正的创业者精神，才能正确发挥能力，否则再强的能力也可能因缺乏坚持和远见而失效。

当初，乡村基在香港进行上市路演时，创始人李红带着团队，住进了一家便宜实惠的酒店。这让看惯了公司老总行事做派的沈南鹏感触良多，认为这鲜明体现了李红作为创业者的典型特质。此后，李红以低调、勤奋和务实的态度，借助红杉中国的支持，成功带领乡村基在美国纽交所上市。尽管公司后来经历了私有化等挑战，但沈南鹏依然坚定地重新持有了乡村基的股份。

正是在和创始人团队打交道的过程中，沈南鹏能高效地获取更多信息，理清行业赛道的发展情况，总结企业的商业模式。这种敏锐的投资直觉背后，隐藏着他超凡的学习能力。很多企业家说，和沈南鹏沟通时，自己仿佛不知不觉地进入了一个巨大的信息漩涡。他语速极快，似乎不愿浪费任何人的时间，他会凭借充实的背景信息，运用其缜密的逻辑推演能力，对创始人、企业和行业做出判断。

沈南鹏反应敏锐，却从不自负。在吸收信息和逻辑分析时，他总能竭力避免先入为主的偏见。无论他对一个人、一个项目有什么样的感受，甚至已经做出了怎样的估值，但当他了解到不同信息或者听到其他判断结果时，他都不会急于说服对方，而是先了解清楚对方为什么这样想。

沈南鹏的性格特质，也为他打开了获取信息的便捷之门。作家余华曾站在朋友的角度如此评价他："沈南鹏性格是直来直去，不拐弯的，而且热情敏锐……他不搞阴谋诡计，因此别人和沈南鹏交往，用最简单的方式就好，这是一个让人觉得交往很轻松的朋友。"正因为他人眼中的沈南鹏坦率真诚，在分享信息的过程中也就减少了沟通成本，避免了种种会导致误解的信息损耗。

沈南鹏的真诚体现在各方面。有位创业者曾在半夜一点给他发微信，没想到5分钟内就收到了沈南鹏的回复。而在红杉合伙人周逵的印象里，沈南鹏永远是第一个回邮件的人。这些日常表现都能让创业者在第一时间感受到他的真诚态度，就像拼多多创始人黄峥说的："他已经非常成功，但依然谦逊和用功。"面对这样的投资人，创业者没有理由不敞开心门、共享信息。

当沈南鹏从创业者那里获得足够多信息时，就更容易判断整个行业是否拥有巨大的市场空间，是"海洋"还是"池塘"，尽管池塘中亦不乏'大鱼'的身影，但受限于其狭小的空间，这些'大鱼'的成长潜力终究有限。对此，沈南鹏的解释说："一个行业，它现在处于发展当中一个怎样的阶段，是否具有爆炸力？这个行业整体规模有多大？这些是进行投资决策的依据。"

选中"海洋里的大鱼"固然重要，但在市场同质化竞争激烈的情况下，"大鱼"如何"游动"更为重要。对不同商业模式加以辨别，从中找出真正有独特价值的模式，是沈南鹏选项目的第三大关键。他曾说，人靠谱，能力强，但是提出的商业模式满大街都是，就没有投资价值。即便有很强的商业模式，但为了避免被对手复制，还要有无数独特的想法来支撑这种商业模式，这对投资人是更大的考验。

换而言之，如果创业者能拿出真正前所未有而可行的商业模式，即便创业团队很小、商业计划书很短，沈南鹏也会义无反顾地带着红杉中国投资。不仅如此，他还会帮助创业者整合公司内部关系、帮助推荐优质合作伙伴、为其配备专业团队等。沈南鹏深知，创新是企业的生命力，只有不断突破常规，才能在激烈的市场竞争中脱颖而出。

这套投资秘诀既是方法论，也是原则。为了原则，沈南鹏经常会面临考验。这些考验并非"何时出手"，而是"为何不出手"。

很多时候，"不出手"比"出手"更重要。正如沈南鹏所说："一个好的投资者就是要能够在各种杂乱的信息中，做出最接近现实的理性判断。在这样的前提下，虽会错过一些机会，但能保证已有项目成功。"

2005 年底，沈南鹏在一次会议上和诺康医药的 CEO 进行了一番讨论，发现自己看不懂商业模式和行业发展，因此"很难爱上它"。虽然他也相信生物医药市场存在巨大的机会，但那时的沈南鹏想不通为什么只有一款产品的公司能生存壮大，他的本能反应不是去赌一把，而是"害怕"。此后，他用了一年多的时间，对相关行业知识深入学习了解，才最终确信自己能做出投资判断。

即便是沈南鹏，他的精力也是有限的。在宝贵的时间里，他既要通过持续的新项目投资来深化对熟悉行业的认知，同时也要不断地观察陌生的企业家、行业和商业模式，探寻其中可持续成长的新选手。为此，沈南鹏的项目选择如同走钢丝，需要持续维持高难度的平衡，既要迅速捕捉市场脉动，又要谨慎评估风险，确保每一步都稳健有力。

随着投资生涯的不断延展，沈南鹏的投资秘诀为红杉中国带来了丰厚利润，也为自己拿下了众多荣誉。但他依然在面向更多新项目摩拳擦掌，誓要将这套秘诀练习到新的境界。在财富自由与功成名就之后，这仍是他多年如一日的独有乐趣。

投资，带着遗憾的竞争

投资是一场竞争。风险投资（VC）相比股权投资（PE），存在更多不确定性，这也使得沈南鹏置身于更加激烈和残酷的竞技场。

在红杉中国诞生前，国内的大部分基金并不愿意向创业初期的团队投资，原因很简单：介入企业的时间越早，承担的失败风险就越大。但沈南鹏却经常反其道而行之，一旦他认准，就会毫不犹豫地投入，助力初创企业跨越鸿沟。这种风格直接塑造了红杉中国的独特投资哲学，也逐渐改变了国内风险投资的格局。

虽然选择了在看懂前提下尽早介入的竞争风格，但沈南鹏并不认为风险投资是一场短期比赛。相反，他认为要衡量一个投资机构是不是优秀，应该看他 10 年到 15 年的历程，看其中发生的投资有多大比例取得了成功。他说："对投资者来说，赚钱了就是交卷了，通过考试了，你的投资要做成一个长期成功的企业。"因此，红杉中国对投资项目有着极高的筛选标准，许多在其他基金眼中可行的案例，却难以通过红杉的严格审核。相比之下，有些投资基金则显得急功近利，一旦企业稍有盈利迹象或外部环境稍有变动，便可能迅速撤资，追求短期收益。沈南鹏并不认可这种做法，他更希望将红杉中国打造成为百年品牌，坚定不移地站在创业者身边。

沈南鹏对投资竞争的理解，也在很大程度上改变了中国的创业融资文化。最初，很多创业者对风投的理解就是"搞钱"，但正是由于红杉基金的竞争姿态，创业者开始意识到，融资过程中自己有必要更关注"钱"后面的综合因素，包括投资者所能提供的策略和经验。一些企业还主动将红杉中国当成平台，和其他被投资企业之间开展互动合作。这种竞争之余的收获，也让沈南鹏感到惊喜。

正如企业和企业之间的关系那样，投资机构之间的关系也并非只有单纯竞争。在很多情况下，红杉中国常与其他基金联合投资某个项目，而沈南鹏在其中会发挥重要的联系作用。即便在单独投资的项目中，红杉中国周围还聚集了一批专业服务机构，包括投资银行、律师事务所、会计师事务所、管理咨询公司等。沈南鹏说，他们提供的都是一些实实在在的服务，他希望在这些专业机构的基础上成功地构筑自己独有的生态系统，为后续竞争提供澎湃的动力。

不过，投资界里没有永远的赢家，有竞争就会有遗憾。沈南鹏虽有许多成功的投资案例，但风险投资的本质决定了失败案例同样不少，原因既有难以抗拒的客观因素，也有不容忽视的主观因素。

经济周期的起伏波动是最显著的客观因素，它能让一批志在创造辉煌的企业最终昙花一现。沈南鹏1994年回国，第二年就经历了拉丁美洲金融危机对亚洲的影响。当经济在1996年和1997年回升之后，又遭到了亚洲金融危机的重创，随后遭遇纳斯达克泡沫破灭的打击。面对每一次经济下行，沈南鹏都将其视为学习的机会，而不是放弃的理由，同时也保持着对新危机的警惕。2007年末，他对记者说："这一波经济景气周期已持续五六年，衰退会在什么时候来临？谁也不知道。所以选择投资时最终要看的还是企业基本面，投资行业内最好的企业才是最重要的。"果不其然，当2008年金融风暴到来时，由于提前做好准备，沈南鹏带领的红杉基金避免了过度收缩，和同行们相比，那一年他们的竞争成绩依然显得出色。

相比宏观环境的客观因素，投资失败的主观因素往往与个人判断失误相关，沈南鹏并不避讳这些，他还会主动和人谈起错误，分析其中原因。当红杉中国还在早期时，他曾对记者说："当看到一种非常特别的商业模式时，就会忍不住想投。即便觉得它的 CEO 可能会有问题，但就想着实在不行以后换掉就投了。结果，错误有可能就这样产生了。"

后来，沈南鹏的投资决策体系越来越成熟，这类遗憾越来越少了，但新的遗憾又随之而来。他发现中国的市场太大，机会太多，而自己的遗憾是无法把握所有机会，时常错过京东、字节跳动这种大型独角兽公司的早期投资。

随着在投资行业的砥砺前行，沈南鹏逐渐学会了在竞争中坦然面对各种遗憾。他说，投资过程中需要做许多客观的判断，无论投资人对某个行业或者某个企业多么有热情，最终还是要回归理性，关注企业的基本面，做出最符合实际的判断。当投资者这样决定时，或许会遭遇错过的遗憾，觉得放弃了赚钱的大好机会。但如果不能克制住自己，真的随意投了，那很可能会造成永远的遗憾、无可弥补的损失。在"永远的遗憾"和"错过的遗憾"之间，沈南鹏宁可选择后者，作为走进竞技场的入场券，这或许也是他和其他竞争者不同的地方。

在风险投资这场漫长的竞争中，沈南鹏已经拿到了令人仰视的成就。但这并不意味着他就能获得下一个投资项目的成功。资本和市场都是无情的，新的挑战者永远会出现，投资人必须不断地学习和适应，才能保持原有的高度。在未来的投资生涯里，沈南鹏会继续全身心投入竞争，发掘红杉中国的优势，不断扶持世人未曾重视的企业，创造市场上没有的产品，完成前人做不到的事业。这一切，只因他说过："投资是最适合我的职业，我想不出还有什么职业会更适合我！"

冠军之心，用传承载动变化

2020 年，沈南鹏和"铁榔头"郎平曾进行过一场团队领导者之间的跨界对话。沈南鹏回忆 2000 年互联网泡沫破裂以及 2008 年金融危机时说，对于创业者、投资人来讲，关键时刻的出现往往伴随着大环境的变化。对于自己而言，在两个关键时刻做出的选择都产生了重要影响——相信自己、专注做最重要的事才能度过至暗时刻，拥抱变化、突破自己才能打造"冠军之心"。

在沈南鹏的定义里，风投机构和普通的实业企业存在很大的差别。后者往往有一个主导的"国王"，在中国传统家族企业内尤其如此。但风投机构则是以合伙制为主导的，这里的每个人都很重要，可能会出现一些明星，但是不会有国王。

沈南鹏很早就意识到自己不会成为"国王"。创立红杉中国时，他和张帆手头只有 2 亿美元，20 年过去了，红杉中国管理的资金超过 3000 亿元人民币，如果只靠"国王"个人的力量，不可能做好如此重量级的资金管理。更重要的是，沈南鹏也没有想过成为"国王"。在财经作家吴晓波的描述中，他是"一条用尾巴搅起漩涡的鲨鱼，将一切新物种的信息卷入他的领域，但他意不在吞食，而是希望在漩涡最深最中心的地方，看见新的世界"。而沈南鹏称自己既像猫，又像狮子。这两种角度的比喻都指向同一个事实，沈南鹏有追求成为冠军的强烈愿望，但他不愿成为孤独的冠军。相比登顶全球创投人榜单，他更期盼与他人一起在竞争中共同成长，共同发现和创造价值，将创业和投资文化传承下去。

2020 年 6 月上市的达达集团项目，体现出沈南鹏的上述愿景。这是红杉中国和创始人共同孵化的项目，在"–1 阶段"即企业尚未成立前，沈南鹏就参与到了企业的创立和发展中。这家公司的上市，成为中国私募股权投资机构帮助企业从无到有创造价值的典范。在类似具有划时代意义的项目上，沈南鹏既看重带给有限合伙人的直接收益，也看重模式本身是否能成为红杉中国新的品牌文化基因，是否能吸引更多的企业考虑加入，能否成为中国乃至世界风险投资界的新标杆。

想要实现这样的目标，远比在投资项目上挣钱更难。为此，沈南鹏信奉合伙人文化，而非个人英雄主义。虽然红杉中国的合伙人组成始终有变化，但他要求这里的每个人都应该实事求是，既不能忽悠自己，也不能忽悠创业者。在项目上，"最大"并不是追求目标，"最好"才是。投资策略也不是"砸钱"，而是要用好"聪明的钱"。总体而言，合伙人们必须"思考要深远，梦想要宏大，行动要果断"。

为了塑造强大的团队文化，沈南鹏虽然身为风投界排名第一的人，却经常表现得像是刚刚入行两个月的分析师。他见到熟悉的同行就会询问有什么有意思的项目，然后迅速掏出手机记下来，并马上发给红杉的同事，让他们同步跟进。这种勤奋形成了习惯，不断让整个团队保持应有的压力感。红杉合伙人周逵对此深有感触地说："这就是这个行业的特点，你一不小心就后退了，因为这个行业每个人都挺聪明的。如果你不勤奋，没有什么能保护你。"

沈南鹏带给红杉中国团队的另一大影响是不断自我纠偏的精神。在风险投资业界，很多人都了解不断纠正认知偏差的重要性，但知道和做到经常是两码事，因为人总是很难以克服主观立场。不过，沈南鹏却是个例外，红杉合伙人们发现，他面对工作时像是个严谨的机器人，能随时重写程序，改写代码。沈南鹏也要求他的同事们做到这点，将自我纠偏作为商业习惯，既体现在具体项目中，也体现在战略层面。据说，红杉中国每年的年终总结大会上，沈南鹏不会说一些"请大家再接再厉"之类的话，而是会将总结会变成反思会，他会逐一剖析过去一年的每项失误与不足，并鼓励大家坦诚交流，共同寻找改进方案。其实，他的这种习惯和红杉资本的理念不谋而合，当年他还没有创立红杉中国时，曾去美国拜访红杉资本的创始人唐·瓦伦丁，让他意外的是瓦伦丁并没有和他聊投资策略，而是将自己总结的所有错误写在纸上，和他逐条分析，提醒他加以避免。此后，沈南鹏多年如一日坚持着坦诚面对错误、不断自我革新，并将这种精神传递给了红杉中国的每个合伙人，使其在激烈的市场竞争中始终保持领先。

沈南鹏对整个团队的影响很大，以至于业界有人评论说："即使同一个人到了红杉平台上也更容易发现爆发性项目。"红杉合伙人曹曦就经历了这样的变化。在加入红杉之前，他在另一家投资机构也负责关注 TMT（电信、媒体、科技）领域，但到了红杉后，他陆续出手，投资斗鱼、快手、英雄互娱等项目，收获颇丰。这正是团队力量激发个人潜能的生动诠释。

尽管人人都知道沈南鹏是红杉中国的灵魂人物，担任创始及执行合伙人职务，但他并不以核心或代表自居。在红杉中国的官网上，合伙人名单至今是按照姓氏字母顺序排列的，沈南鹏排名在钱骥和苏凯之间。而每年年底，红杉中国都会写信给投资人，汇报整年工作成绩，从 2005 年至今，这封信的署名也始终非个人，而是"红杉"。这种平等的文化氛围使得每位合伙人，无论资历深浅、贡献大小，都能感受到尊重与信任。这也充分证明沈南鹏对团队的影响力主要体现在赋能上，而非个人英雄主义。

在独特团队文化的熏陶下，红杉中国不仅在投资领域屡创佳绩，更在业界树立了良好的口碑。红杉中国是唯一同时投资了TMDP（今日头条、美团、滴滴、拼多多）的公司，也包揽了中国在美上市的三大电商平台（阿里巴巴、拼多多、京东）的投资。2025年《中国独角兽企业发展报告》显示，中国共有409家独角兽企业，而红杉中国投资了其中三分之一。正是这样的战绩，让业界同行对沈南鹏刮目相看，甚至有基金将跟投红杉的投资项目作为基金策略。真格基金投资总监刘元曾一语道破："如果问中国最好的天使投资是谁，可能会有不同的答案，但如果问中国最好的VC（风投机构）是谁，其实很难有不同的答案。"

多年来，红杉中国在风投领域独占鳌头，而沈南鹏却依然步履匆匆，勤勉不辍，热爱享受着投资事业的每一刻。他的名字曾经与携程、如家紧密相连，如今依然在努力追求成为一代代创业者背后的创业者，正如他所说的那样："只有做到最好，才有机会跟最好的创业者同伴而行。"

大事记

1967 年	出生于浙江海宁，以数学天赋而著称。
1985 年	保送进入上海交通大学教育改革试点班。
1988 年	毕业于上海交通大学，赴美进入哥伦比亚大学数学系。
1990 年	转入耶鲁大学商学院 MBA 专业学习。
1992 年	加入花旗银行总部。
1994 年	回国，加入雷曼兄弟亚洲分公司，迅速崭露头角。
1996 年	加入德意志银行，升任该行中国部主管。
1999 年	与梁建章、季琦、范敏等共同出资 200 万元人民币创建携程网，沈南鹏为携程最大个人股东，并任总裁兼 CFO。
2000 年 11 月	携程并购北京现代运通订房中心。
2001 年 8 月	携程旅行网成立唐人酒店管理（香港）有限公司。12 月，正式将品牌名改为"如家"（Home Inn）。
2002 年	如家酒店连锁正式运营，迅速成为中国经济型酒店领军品牌。

2003 年 12 月　　携程成功在美国纳斯达克上市。

2004 年 11 月　　携程建成国内首个国际机票在线预订平台。

2005 年 9 月　　如家注册会员数突破 1000 万人。

2005 年 9 月　　沈南鹏与张帆创立红杉资本中国基金，开启风投新篇章。

2006 年 3 月　　投资奇虎网。

　　　　 8 月　　投资高德软件、51 网、利农集团。

　　　　10 月　　如家连锁酒店在纳斯达克上市。

2006 年　　投资大众点评，助力其成为国内领先的本地生活信息平台。

2007 年　　红杉中国投资乡村基，助力其成为中国本土快餐酒店顶尖品牌。

2008 年　　带领红杉中国成功募集人民币基金。

2009 年　　旗下多家投资企业在美国、中国香港和中国资本市场成功上市。

2010 年　　红杉中国投资美团。

2011 年　　红杉中国投资京东。

2012 年 3 月　　投资的唯品会赴美上市。当年，沈南鹏首次进入《福布斯》"全球最佳创投人"榜单，成为全球首个入选的华人投资家。

2013 年　　领投饿了么的 C 轮融资，助力其成为外卖行业领军者。

2014 年　　投资的聚美优品赴美上市。

2015 年 10 月	推动大众点评与美团合并。
2016 年	红杉中国投资今日头条，推动其成为信息流领域的领军者。
2017 年	投资的拼多多赴美上市。
2018 年	美团成功在香港上市，市值突破 500 亿美元，成为红杉中国投资的标志性成功案例。
2019 年	红杉中国投资古茗茶饮。
2020 年	红杉中国再度投资乡村基。同年，投资月之暗影。
2021 年	红杉中国领投元气森林，助力其成为新消费领域翘楚。
2023 年 5 月	第四次登顶福布斯全球最佳创投人榜单（前三次为 2018 年—2020 年）。
2024 年	红杉资本中国基金独立，继续使用原有的"红杉"中文品牌名，并改用新的英文品牌名"HongShan"。
2025 年 2 月至3 月	投资的古茗、蜜雪冰城成功在港股上市，后者市值突破千亿港元，成为新零售领域的领军品牌。

名言录

谈个人和组织

我是个机会主义者，但我不是投机意义上的机会主义者。只是在每一个机会来的时候，我都会抓住它。

我尝试去寻找好的机会，但通常我不是第一个尝试的人。我会观察一下，看自己是否适合。

很大程度上，我是跟着风口走。

我是一个幸运的人。每个选择都是大经济环境给的一道命题，对中国经济，我做出了"看多"的选择。

我乐观，加上喜欢承担一定的风险，也看重长期的职业发展，不期待短期利益。

行业里很多东西是新的，比如在 18 个月前，很多从业者都不太了解大语言模型或者是它的底层逻辑，每个人都要学习去跟进。

年轻人需要有激情有好奇心，此外如果想建立公司的差异性，一定要深入研究一个领域，成为这个领域的专家才能成功。

要对自己的工作和事业，对你真正热爱的事情怀有赤子之心。

选择进入一个令人振奋的行业——这个行业不仅仅在短期，更在中长期有很好的发展前景。

思考要深远，梦想要宏大，行动要果断，这才是应对商业周期的方法。

我一直信奉合伙人文化，而不是一个人的战斗。

在合伙人文化中，我虽然是基金的管理者，但在最重要的投资决策上，我们没有 boss，也不应该有 boss。

一个优秀组织是靠集体力量来做出正确的决策。

少说多听，无论是面对创业者、企业家，还是团队成员，做一个好的聆听者。

要在点点滴滴的地方着手，让每个人觉得他是团队中非常重要的一部分。

你只有一直追求卓越，才能在一路上看到别人没有看到的商业风景。

我们不会觉得以往的成绩会给我们带来明显优势。在市场上去赢得企业家的心，在与企业家建立合作时，红杉与任何基金都处于同等地位。

归零心态在本质上也是延迟满足的一种表现。取得任何成绩之后，庆祝一下，但是很快就要主动迎接下一个挑战。

总结教训的工作要比找成功经验更重要，它能帮助我们未来努力避免类似的错误，这种勇于面对失败的心态会让我们走得更远。

我们的组织文化鼓励每个人都要有开放心态，每个人都有巨大的好奇心去探索下一个伟大公司在哪里。

在熟悉的领域里做重复的、擅长的事情。

谈创业

创业者最重要的能力是学习能力。

创业是一场长跑，不是短跑。要跑到最后，必须注意节奏和体能。

细节决定成败，战略决定生死。

与其在红海竞争，不如另辟蹊径。

管理就是两件事，一是出主意，二是用干部。

一个好的商业模式，一定要符合人性。

不要抱怨也不要放弃，专注做最重要的事。

我认为最重要的是理顺公司的现金流，因为这是确保公司得以存续的唯一方式。然后，任何创业公司都必须专注于产品。

如果你自己都不相信自己，那就根本没有机会去说服坐在桌子另外一边的投资人。

有些商业模式天然地容易形成竞争壁垒，很快就把一些后来者挡在外面，从而成功获取更大的市场份额。

伟大的公司背后，一定有一个鲜活的优秀创业者。比如、王兴、黄峥和张一鸣。他们往往具备着很多共通性，我将这些特质总结为四点：极度聚焦产品；坚持长期主义；尊重商业规则至上；有国际视野。

我不是说传统的 CEO 不行，但是确实要有新的团队来帮你更快地在市场上完成学习曲线。

只有极少数公司能打破游戏规则，大部分公司是在游戏规则下面成功的，它们成功的原因是它们比别人更能用好这个游戏规则。

我们更欣赏的创业动机是希望创造一种产品和服务满足某种需求，解决某个问题，其动力源自好奇心和使命感。

如果在企业家能力和企业家精神之间做选择，我认为企业家精神最重要，其次才是企业家能力。

企业想要革新，有决心，还必须有配置。

对于一个创业企业而言，企业家能力与企业家精神都重要，但最重要的是品质。

未来的创业者，在用更好的产品和服务满足多样化需求的同时，还要更多思考企业发展对于民生的促进，要让技术进步和企业成长创造的价值更好回馈大众。

谈投资

投资不仅仅是金钱的交易，更是对未来趋势的判断。

我如果手里有 100 元钱，我只会拿出 20 元用来投资。

投资的成功在于选择、时机和执行力。

不能为迁就项目而降低标准，投资并不是谁投得快谁赢，而是谁投得准谁赢，这是场马拉松，而不是百米冲刺。

最漂亮的计划书没有用，关键是把计划书变成赚来的钱。

我们愿意看到的是如何帮助中国企业家打造百年老店，这是我们一直以来最重要的命题。

不要问企业能为你赚多少钱，而要问企业能走多远。

与其说我们是投资者，不如说我们是创业者的合作伙伴。

在赛道和赛车手之间，绝对是赛车手最重要。因为赛道可能会变，好赛车手会寻找新方向。

风投肯定会有一定的失败率，这是不可避免的。过低的投资失败率反而说明一家 VC 承受风险、鼓励创新的意愿不足。

商业模式的认知非常重要，因为竞争激烈，没有好的准备，没有产业前瞻性，很难在竞争中生存下来。但梦想更重要。

我们很少和创业者签对赌协议，我们希望和创业者永远在一条战线上，跟他走五年、十年。

利润不是非常重要的指标。还是要看用户增长，产品优劣。

一个伟大的企业如果想做百年老店，在这一百年当中你有很多的机会去跟它成为伙伴。如果 A 轮丢失了，那就从 B 轮、C 轮开始；如果 B 轮、C 轮丢失了，IPO 也可以是你第一次跟它建立合作关系的机会。

保持对一个行业的深度研究和观察，非常重要，同时保持对这些企业家的长期关注。

　　你在一年以前看了一个企业，觉得这个企业的商业模式有这样那样的挑战和问题；一年以后你发现企业有很多变化，那可能是创业者不断学习、成长的结果。

　　我们并不认为要通过砸钱的方法去"支持"公司，而应该变成市场上聪明的"钱"，能够在重要的节点上帮到公司。

　　只有做到最好，才有机会跟最好的创业者同伴而行，不然就没有机会。

参考文献

1.上海市第二中学.学子风采，饮水思源——市二中学 1985 届校友沈南鹏和 1987 届校友雍景欣［EB/OL］. https://www.shiers.cn/articleList.aspx?typeId=119&id=15373,2022.11.03

2.李珊.携程在"预谋"中成长 [J].电子商务,2005,6(9):12-15

3.卢才和.沈南鹏：远离国王 [J].互联网周刊,2006(40):32-33

4.剑兰.沈南鹏：从创业者到投资人 [J].竞争力,2006(7):38-39

5.姜继玲.沈南鹏　顶尖思维如何续写投资传奇 [J].人力资本,2007(1):12-21

6.刘亮.沈南鹏：为宏梦圆梦 [J].资本市场,2007(1):94-95

7.沈南鹏.沈南鹏：要放弃的机会太多 [J].商界（评论）,2008(1):68-69

8.胡洁,鄢建彪.识时务者沈南鹏 [J].华人世界,2008(8):74-77

9.鹭鹭.沈南鹏：创业者背后的创业者 [J].企业家信息,2008(3):46-47

10.卢昌聪."机会主义者"沈南鹏的创投之路 [J].上海信息化,2009(10):12-17

11.伊西科.乡村基：从乡村到国际 [J].商务周刊,2010(23):149-

149

　　12.郝凤苓.红杉中国"丰收"[J].中国民营科技与经济,2010(12):60-62

　　13.李冬洁.沈南鹏 最好的结果我被淘汰[J].英才,2011(1):114-115

　　14.熊寥.当李静遇到沈南鹏[J].东方企业家,2011(12):100-101

　　15.沈南鹏.创业要走差异化道路[J].浙商,2011(18):30-30

　　16.沈南鹏:创业CEO的三重角色[J].中欧商业评论,2012(7):49-49

　　17.孙宏超.失控的麦考林[J].中国经济和信息化,2012(17):51-53

　　18.王瀛,邹玲.沈南鹏买下赛道[J].中国企业家,2014(8):36-4512

　　19.沈南鹏.创业者应该有做百年老店的想法[J].IT时代周刊,2014,0(24):14-14

　　20.杨旭然,梁海松.沈南鹏 投下一个BAT[J].英才,2015(6):34-44

　　21.王博.沈南鹏的硬道理[J].中国企业家,2016,0(23):60-60

　　22.李碧雯.沈南鹏:创投之王[J].中国企业家,2018,54(24):12-226

　　23.艾亚.不聪明会错过好项目,太聪明也会错过[J].国际融资,2018,29(12):45-46

　　24.沈南鹏.助力AI创新的"锚点"[J].经理人,2019,0(12):9-9

　　25.何振红,周春林.独家对话沈南鹏:我的好奇心和驱动力[J].中国企业家,2020(10):14-246

　　26.沈南鹏:王兴、张一鸣给我的启发和感受[J].中国商人,2021(5):90-93

　　27.沈南鹏.关注赛道,更关注赛手[J].徽商,2022(11):102-103

　　28.沈南鹏.投资目标企业的三因素[J].经理人,2022(8):13-15

29. 袁洪生，王玉著．蓝色资本家沈南鹏 [M]．北京：中国发展出版社，2007.07.

30. 梁素娟编著．狩猎财富 沈南鹏向左，熊晓鸽向右 [M]．北京：新世界出版社，2009.07.

31. 万资姿编著．投资奇人沈南鹏 [M]．北京：现代出版社，2010.01.

32. 张笑恒著．做最擅长的事 沈南鹏传 [M]．北京：现代出版社，2016.02.